생각을 키우는 철학 이야기

내 마음에게 물어봐요

머리말

우리에게 철학이 왜 필요한가요?

생각하는 일은 사람에게 매우 중요합니다. 사람은 생각을 하면서 자신의 삶을 새롭게 만들어 가기 때문입니다. 무엇을 어떻게 생각하는가는 우리가 어떤 사람이 되는가의 문제입니다. 바로 이러한 문제를 다루는 것이 철학입니다. 철학은 우리가 무엇을 어떻게 생각하며 살아야 하는지, 왜 이것이 아니고 저것이어야 하며, 왜 다른 것들은 안 되고 그것이어야만 하는지 등에 대해 묻고 답합니다.

사람이 생각하는 방식은 크게 세 가지가 있습니다. 하나는 '이것은 무엇이다'라고 정의를 내리는 것이고, 다른 하나는 '아, 어머, 너무 좋다, 예쁘다' 하며 감탄하는 방식이고, 나머지 하나는 '이것이 뭐지?' 하고 묻는 방식입니다. 철학은 바로 이 세 번째 방식인 물음을 통해 우리의 생각을 넓혀가는 것이라 할 수 있습니다. 아주 당연하게 생각하는 것들을 다시 되물으면서 이전보다 더 넓게, 더 깊이 뿌리를 내리고 뻗어가는 것, 그래서 이전에는 알지 못하고 깨닫지 못한 것들을 달리 생각하고 깨달아 행하는 일, 그것을 우리는 철학이라고 말할 수 있습니다.

　우리는 철학을 통해서 우리가 얼마나 소중하고 귀한 사람인지 알게 될 뿐만 아니라, 미래의 소중한 가치인 인문학적 상상력과 창의성도 키워갈 수 있습니다. 뿐만 아니라 부모님이나 선생님들이 미처 가르쳐 주지 않은 일들도 스스로 해나갈 힘을 가질 수 있습니다. 그러기에 우리는 철학을 통해서 달리 생각하고 새롭게 생각하면서 이전보다 더 아름답고 행복한 삶을 만들어 갈 수 있습니다. 약하고 어릴수록 철학이 더 필요한 까닭이 이 때문입니다.

　이 책은 바로 이러한 목적에서 썼습니다. 비록 어리고 약하지만 물음을 통해 스스로 생각할 수 있다면 누구보다도 위대한 힘을 가질 수 있다는 것을 우리 친구들이 이 책을 통해서 경험하기를 바랍니다. 우리의 미래인 아이들이 보다 아름답고 행복하기를 바라면서.

독서당로에서　박남희

차례

part1
나는 누구인가요?
존재에 대한 이해

자아와 나 | 자신을 잘 알고 있나요? 12
이름과 존재의 관계 | 나의 이름은 우람입니다 14
이름의 의미 | 나는 이름처럼 우람한가요? 16
또 다른 이름 | 나의 아이디는 물입니다 18
이름과 실재 | 양털구름은 정말 양털인가요? 20
다르게 불리는 이름들 | 같은 것을 왜 다르게 부를까요? 22
나와 공간의 관계 | 나는 어디에 있나요? 24
공간의 의미 | 어디에서 무엇을 하나요? 26

part2
그들은 나와 같은가요, 다른가요?
타자에 대한 이해

동일성과 차이성 | 내 안에 누가 있어요 30
세계와 나 그리고 존재 | 나는 정말 나일까요? 32
나와 다른 사람들 | 그들은 누구인가요? 34
차이와 차별 | 우리는 무엇을 비교하나요? 36
혼자와 같이 | 혼자서 행복할 수 있을까요? 38

part3
세상은 어떤 모습인가요?
세계에 대한 이해

공간의 인식 | 그곳에는 무엇이 있나요? 42
존재와 역할 | 있어야 할 것과 없어야 할 것은 무엇인가요? 44
개인과 국가 | 국가가 행복을 지켜주나요? 46
하나인 세계 | 혼자서는 할 수 없어요 48

part4
우리는 무엇을 어떻게 아나요?
사물에 대한 이해

인식과 가치 | 어떻게 보느냐에 따라 달라져요 52
사실과 의미 | 사과를 보면 무엇이 생각나나요? 54
실재와 현상 | 보이는 게 진짜 모습일까요? 56
인식과 사실 | 무엇을 보고 판단하나요? 58
개별자와 동일사 | 나부와 열매는 하나일까요? 60

part 5
무엇이 사실인가요?
사실과 이해의 문제

보이는 것과 보이지 않는 것 | 여기는 섬인가요, 육지인가요? 64
역설의 진리 | 왜 생각과 반대로 말하는 걸까요? 66
사유와 존재 | 우리는 태어나는 것인가요, 만들어지는 것인가요? 68
자유와 책임 | 행복하려면 무엇이 필요한가요? 70
오해와 이해 | 화난 것이 아니라 아픈 거래요 72

part 6
꼭 이것이어야 하나요?
인식의 전환

생각과 물음 | 어떻게 물어야 할까요? 76
개별성과 보편성 | 콩쥐와 신데렐라는 꼭 닮았어요 78
이데올로기와 미 | 까만 공주도 예뻐요 80
입장과 생각 | 나는 진짜 나쁜 아이일까요? 82

part 7
나의 생각은 넓고 깊은가요?
생각의 성장

진리의 물음과 인식 | 코끼리를 품에 안을 수 있을까요? 86
삶에 다양한 방법과 길 | 빠른 게 정말 좋은 건가요? 88
생각과 차이 | 무엇을 보고 무엇을 생각하나요? 90
거시와 미시 사이 | 작은 꽃을 보려면 고개를 숙여야 해요 92

part 8
생각이 삶을 변화시키나요?
생각과 삶의 관계

정체성과 얼굴 | 나의 얼굴은 어떤 모습인가요? 96
실재와 이미지 | 삶에서 앞뒤가 뒤바뀌지 않았나요? 98
얼굴과 얼굴 | 얼굴을 보면 알 수 있어요 100
정의의 윤리와 배려와 사랑의 윤리 | 왜 고통 받는 사람들이 생겨날까요? 102
환경과 소비 | 자연이 아파요 104

part 9
죽으면 어떻게 되나요?
삶과 죽음의 문제

사람과 삶 | 사람은 무엇으로 살고 죽나요? 108
삶과 죽음 | 죽음을 선택할 수 있나요? 110
죽음에 대한 이해 | 죽음은 끝인가요, 시작인가요? 112
물질과 영혼 | 영혼이 있을까요? 114
차이와 반복 | 새싹은 어디에서 나타나는 것일까요? 116
변화와 발전 | 우리는 어디로 가는 것일까요? 118

part 10
새로운 세계는 어떤 세상일까요?
변화하는 미래사회

변화하는 삶 | 우리는 정착민인가요, 유랑민인가요? 122
미래사회의 가치 | 정보화 시대에 필요한 것은 무엇인가요? 124
가상과 실재 | 무엇이 진짜이고, 무엇이 가짜인가요? 126
기계화와 삶 | 기계는 우리에게 무슨 도움을 주나요? 128
변화하는 세계 | 우리는 세계의 시민입니다 130

나는 누구일까요? 내가 생각하는 내가 나일까요?
나는 언제 가장 나다운가요?
우리는 가끔 내 안에 딴 사람이 들어와 있기라도 한 것처럼
마음과는 달리 행동할 때가 있습니다.
도대체 나의 생각이란 어떻게 생기는 것일까요?

나는 누구인가요?
존재에 대한 이해

자아와 나 자신을 잘 알고 있나요?

이름과 존재의 관계 나의 이름은 우람입니다

이름의 의미 나는 이름처럼 우람한가요?

또 다른 이름 나의 아이디는 물입니다

이름과 실재 양털구름은 정말 양털인가요?

다르게 불리는 이름들 같은 것을 왜 다르게 부를까요?

나와 공간의 관계 나는 어디에 있나요?

공간의 의미 어디에서 무엇을 하나요?

자아와 나

자신을 잘 알고 있나요?

새 학년 새 학기가 되었습니다.
친구도 새로 만나고 선생님도 새로 오십니다.
서로를 소개하는 시간을 갖기도 합니다.
어떤 친구는 이름과 나이, 가족을 소개하기도 하고,
어떤 친구는 하고픈 일에 대해 이야기하기도 하고,
어떤 친구는 가장 잘하는 일에 대해 말하기도 하고,
어떤 친구는 미래의 꿈에 대해 이야기하기도 합니다.
여러분은 자신을 어떻게 소개하나요?
어떻게 하는 것이 자신을 가장 잘 이야기하는 것일까요?
그런데 우리는 자기 자신을 잘 알고 있나요?
나는 누구인가요?

내가 생각하는 내가 나일까요? 우리는 스스로를 가장 잘 안다고 생각하지만 그렇지 않을 때도 있습니다. 때론 엄마가 나보다 나를 더 잘 아는 것 같다는 생각이 들 때도 있지요. 혹시 다른 사람이 나보다 나를 더 잘 알 수도 있는 것일까요? 우리는 무엇을 보고 자신을 안다 모른다 하는 것일까요?

우리는 어떤 때에 가장 나답다는 생각을 하나요? 프랑스의 철학자 데카르트는 "나는 생각한다. 고로 존재한다"라며 사람은 생각하기에 사람이라고 했습니다. 나도 그런가요? 나는 언제, 무슨 일을 할 때 자신 있게 그런 말을 할 수 있나요? 컴퓨터나 스마트폰을 다룰 때인가요? 무엇을 살 때인가요? 아니면 놀 때인가요?

우리는 언제 자신이 살아있음을 느끼나요? 카뮈라는 소설가는 사회에서 잘못된 제도나 전통, 가치에 대해 저항할 때 가장 자신이 살아있음을 느낀다고 합니다. 카뮈처럼 보다 나은 미래를 위해 무엇인가를 새롭게 만들어갈 때 그런 느낌이 드나요? 우리는 무엇을 할 때 자신이 살아있음을 느끼나요?

그런데 우리는 가끔 내 안에 딴 사람이 들어와 있기라도 한 것처럼 마음과는 다른 행동을 할 때가 있습니다. 어떤 때 우리는 마음과 달리 행동하는 걸까요?

르네 데카르트 1596 ~ 1650
근대철학의 아버지 데카르트는 세상 모든 것이 진짜로 존재하고 있는 것인지 의심했어요. 하지만 자기 자신은 의심을 함으로써 생각을 하기 때문에 존재한다고 확신했답니다.

알베르 카뮈 1913 ~ 1960
실존주의 철학을 대표하는 작가 카뮈는 〈이방인〉, 〈시지프의 신화〉를 발표하면서 인간의 부조리함과 사상에 대해 이야기했어요. 그 밖에도 희곡 〈오해〉와 〈칼리굴라〉를 쓰면서 활발하게 작품 활동을 했답니다.

생각꾸러미 열어보기
- 무엇이 나일까요?
- 자아는 어떻게 생겨나는 것인가요?
- 나의 생각은 어떻게 생기는 것인가요?
- 다른 사람의 생각이 내 생각으로 여겨지는 것은 아닐까요?

이름과 존재의 관계

나의 이름은 우람입니다

나는 도대체 누구일까요?
사람들은 나를 우람이라고 부릅니다.
그렇다면 나는 우람인가요?
만약에 나의 이름이 우람이가 아니고 다른 이름이라면
나는 다른 사람인가요?
나와 나의 이름 사이에는 어떤 관계가 있을까요?

만약에 우리가 위 사진같이 이름을 붙인다면 잘못된 것일까요? 그 이유는 무엇인가요?

우리는 이름과 사물을 동일시 할 때가 있습니다. 장미는 예쁘고, 사자는 사나우며, 모래는 아주 작다고 생각하는 것처럼 말입니다. 하지만 작은 것이 모래가 아니고, 사납다고 사자일 수는 없듯이, 나의 이름이 반드시 나인 것은 아닙니다. 나의 이름은 내가 아니면서 나이기도 합니다. 마치 거울 속에 비친 모습이 나이면서 동시에 내가 아니듯이, 나의 이름은 나를 말해주기는 하지만 나인 것은 아닙니다. 그러면 이름과 사물은 도대체 어떤 관계일까요?

벨기에의 화가 르네 마그리트는 〈꿈의 열쇠〉라는 작품에서 우리가 알고 있는 것과는 다른 이름을 그림에 써 넣습니다. 왜 그랬을까요? 마그리트는 이런 일을 통해서 무엇을 이야기하고 싶은 걸까요?

르네 마그리트 1817 ~ 1967
마그리트는 벨기에의 화가로 익숙한 사물을 상상력을 통해 자유롭고 낯설게 그리는 초현실주의 그림을 주로 그렸어요. 기발한 상상력이 돋보이는 그의 그림은 사람들에 큰 충격을 주었답니다.

생각꾸러미 열어보기
- 나의 이름과 나는 어떻게 같고 다른가요?
- 다른 이름으로 부르면 틀린 것일까요?
- 이름을 달리 부르면 어떤 일이 생길까요?

이름의 의미

나는 이름처럼 우람한가요?

우리들의 이름은 어떻게 해서 생긴 것일까요?
해바라기처럼 생긴 모습이나 특징으로 이름이 불리기도 하지만
전혀 그렇지 않은 경우도 있습니다.
우리 주변의 많은 것들의 이름은 어떻게 생겨났을까요?

달은 왜 달일까요? 아들은 왜 아들이고, 딸은 왜 딸일까요? 그리고 봄은 왜 봄이라 부르고, 여름은 왜 여름이라 부르는 것일까요? 혹시 달은 달라진다 해서 달이고, 아들은 알에서 나왔다고 그런 것은 아닐까요? 봄은 볼 것이 많아서, 여름은 열매가 열리니 여름이라고 했을까요? 그렇다면 가을은 왜 가을이고, 겨울은 왜 겨울일까요?

사람들은 이름만으로도 그것이 어떤 것인지 상상합니다. 사람들은 우람이라는 이름만 듣고 내가 키가 크고 힘이 셀 것이라고 생각합니다. 사실 어렸을 때는 친구들이 '아기 돼지 우람'이라고 놀릴 만큼 우람했을 때도 있었습니다. 하지만 지금은 전혀 그렇지 않은데도 나는 여전히 우람입니다.

우람이라는 이름은 우람하게 잘 자라라고 아빠가 지어주셨는데, 여러분의 이름은 누가 어떤 의미로 지었나요? 여러분은 자신의 이름의 뜻을 어떻게 알고 있나요? 자신의 이름과 실제 자신이 비슷한가요? 우리는 이름을 지어주신 분들의 바람처럼 살고 있나요?

생각꾸러미 열어보기
- 이름은 어떻게 짓나요?
- 이름의 의미는 누구에 의해서 생기는 것일까요?
- 아니면 내가 만들어가야 하는 것일까요?

또 다른 이름

나의 아이디는 물입니다

나에게는 우람이라는 이름 외에
달리 나를 말해주는 이름이 또 있습니다.
그중 하나는 친구들이 부르는 별명이고,
다른 하나는 인터넷에서 사용하는 아이디입니다.
이름은 부모님이 지어주셨고,
별명은 친구들이 붙여준 반면,
아이디는 내가 만든 이름입니다.

옛날에 할아버지는 이름 말고도 '호'라는 것이 있어서 이름 대신 불렀습니다. 할머니는 이름 대신 성씨로만 불리기도 했답니다. 서양에서는 여자가 결혼을 하면 남편의 성씨를 따라 이름도 바꾸기도 합니다. 또 예술가들과 연예인들은 본래 이름 외에 예명이라는 또 다른 이름을 가지기도 합니다. 글을 쓰는 작가는 필명을 가지기도 하구요. 또 어떤 것들은 숫자로 이름을 대신하지요. 그 이유는 무엇일까요?

내 이름은 내가 지은 것이 아니지만 아이디는 내가 지은 것입니다. 나의 아이디는 워터입니다. 물은 자신은 변하지 않지만 담겨지는 그릇에 따라 다양한 모습을 합니다. 물은 매우 부드럽지만 자신보다 강한 돌과 쇠를 뚫기도 합니다. 물은 항상 아래로 향하지만 가장 높이, 가장 멀리 갈 수 있습니다. 그뿐 아니라 물은 모든 생명을 살리기도 하고 허물들을 닦아주기도 합니다.

호(號) 본명을 대신해서 쓰는 또 다른 이름이에요. 옛날에는 이름을 함부로 부르는 것이 큰 실례라서 대신 호를 불렀어요. 요즘은 주로 소설가, 학자, 화가 등이 즐겨 써요.

생각꾸러미 열어보기
- 여러분의 아이디는 무엇인가요?
- 여러분은 어떤 의미에서 그런 아이디를 정했나요?
- 우리는 그 이름과 얼마만큼 닮았나요?

이름과 실재

양털구름은 정말 양털인가요?

이름은 사람에게만 있는 것일까요?

이름이 없으면 우리는 그것을 다른 것들과 어떻게 구별할 수 있나요?

이름이 있을 때에만 다른 것들과 구별을 할 수 있다면

이름을 가질 때 비로소 자신이 될 수 있다는 뜻일까요?

그렇다면 세상에 있는 모든 것들은 다 이름이 있는 것일까요?

이름이 있고 없는 차이는 무엇인가요?

우람이는 얼마 전 식구들과 동굴 여행을 갔습니다. 입구에 들어서자 괴상한 모양을 한 종유석들이 여기저기 신비한 모습을 하고 있었습니다. 어떤 종유석은 금강산이라는 이름이 붙어 있었고, 또 어떤 종유석은 성모 마리아, 거북이, 천사 등의 이름이 붙어 있었습니다. 이것들은 무엇일까요? 이것들은 종유석인가요, 마리아인가요, 금강산인가요? 아니면 이름일 뿐인가요?

하늘에 구름이 흘러갑니다. 누나는 양털구름이라 하고, 엄마는 새털구름이라 합니다. 정말 저것이 양털이고 새털일까요? 그런 구름이 있는 것일까요? 아니면 그냥 그렇게 부르는 것일까요?

집 앞에 채석장이 있습니다. 그곳에서는 돌을 조각해서 탑을 만듭니다. 그것만이 아닙니다. 부처도 만들고 성모 마리아도 만듭니다. 이것은 돌인가요, 부처와 성모 마리아인가요?

할머니는 나를 귀염둥이라 부르고 할아버지는 복딩이라 부르는데, 누나는 말썽꾸러기라고 부릅니다. 나는 귀염둥이인가요, 복덩이인가요, 말썽꾸러기인가요?

이웃집에 아기의 울음소리가 들립니다. 이제야 나도 동생이 생긴다는 기쁨에 얼른 아기를 보러 가고 싶은데 엄마는 아직은 안 된다고 합니다. 아기의 이름은 무엇이라 지었을까요? 전 그날 아기의 이름을 상상하느라 밤늦게 잠들었습니다. 부모님도 그렇게 내 이름을 지으셨겠지요.

종유석 동굴의 천장에 고드름처럼 매달린 돌기둥이에요. 지하수에 녹아든 석회 성분이 굳으면서 생겨요.

생각꾸러미 열어보기
- 존재하는 것과 이름은 어떤 관계가 있는 것일까요?
- 존재하기 때문에 이름이 있는 것일까요?
- 아니면 우리의 바람을 이름 속에 담는 것일까요?

다르게 불리는 이름들

같은 것을 왜 다르게 부를까요?

어떤 것들은 서로 다른 것인데 같은 이름으로 불리기도 하고,
또 어떤 것은 하나의 물건인데 전혀 다른 여러 이름으로 불리기도 합니다.
그 까닭은 무엇일까요?

몇 년 전, 경상도에 갔을 때의 일입니다. 친구 할머니께서 정구지전을 먹으라고 하셨는데, 생전 처음 듣는 이름이라 나는 조금 망설여졌습니다. 먹어보지 못한 이상한 음식은 아닐까 해서 말입니다. 그런데 차려준 정구지전을 보니 그것은 내가 좋아하는 부추전이었습니다.

경상도에서는 왜 부추를 정구지라고 부를까요? 이처럼 같은 것도 지역에 따라, 시간에 따라 달리 부르기도 하나 봅니다.

이러한 것에는 어떤 것들이 있나요? 그것들을 달리 부르게 된 까닭을 알고 있나요? 어떤 것은 부추처럼 이름이 여러 개인 것도 있지만, 어떤 것은 배처럼 전혀 다른 물건들이 같은 이름으로 불리는 것도 있습니다. 왜 같은 것이 다른 이름으로 불리기도 하고, 서로 다른 것들이 같은 이름으로 불리는 것일까요?

생각꾸러미 열어보기
- 이름과 물건은 어떤 관계일까요?
- 하나의 물건에 이름이 여럿인 것들에는 어떤 것이 있나요?
- 반대로 같은 이름으로 불리는 것들에는 무엇이 있지요?
- 우리의 이름은 어떤가요?
- 나와 같은 이름을 가진 사람을 만나면 기분이 어떤가요?
- 나와 모습이 비슷한 친구를 보면 또 어떤가요?

나와 공간의 관계

나는 어디에 있나요?

우리에게 장소는 어떤 의미가 있을까요?

사람은 장소에 따라 달라지기도 하나요?

그래서 사람들은 자신이 어디에 있는지 알고 싶어 하는 것일지도 모릅니다.

친구가 묻습니다. "한나야 너 어디야?"

엄마도 묻습니다. "너 어디에 있니?"

그런데 가만히 생각해 보니 나도 친구나 엄마에게 전화를 걸 때 그렇게 물으며 이야기를 시작합니다.

"엄마, 어디 계세요?"

"민정아, 어디니?"

여러분은 어떤가요? 여러분은 어떤 말로 이야기를 시작하나요? 다른 사람들도 그런가요?

그러고 보니 어디냐고 물으면서 이야기를 시작하는 것은 우리들만이 아닌가봅니다. 어른들도 외국인도 그런 것 같습니다. 사람들은 왜 어디냐고 물으면서 대화를 시작하는 것일까요? 사람에게 장소는 무슨 의미가 있는 것일까요? 우리가 어디에 있는가가 왜 중요한 것일까요?

성서에서도 하나님이 아담과 아브라함에게 어디에 있느냐고 물으면서 이야기가 시작됩니다.

"아담아, 네가 어디 있느냐?"

"아브라함아, 네가 어디 있느냐?"

모든 것을 다 알고 계실 하나님이 왜 아담과 아브라함에게 어디에 있느냐고 물을까요?

공간 철학에서 공간은 시간과 함께 세계를 구성하고 있어요. 오랜 옛날 그리스의 철학자 플라톤부터 시작해서 지금까지 많은 철학자들이 공간에 대해 연구하고 있어요.

생각꾸러미 열어보기
- 우리는 지금 어디에 있나요?
- 그곳이 가지는 의미는 무엇인가요?
- 우리가 있어서 좋은 곳은 어디일까요?
- 우리가 있어서 좋지 않은 곳도 있을까요?
- 사람에게 좋은 곳은 어디일까요?

공간의 의미

어디에서 무엇을 하나요?

밤늦게 피곤한 모습으로 들어오는 아빠에게서 어떤 냄새를 맡을 수 있나요?

아빠는 어디에 계시다 오신 것일까요?

그곳에서 무엇을 하신 것일까요?

엄마는 아빠에게 어떤 때는 고생한다 하시고,

또 어떤 때는 화를 내시기도 합니다.

왜 엄마는 아빠를 그때그때 다르게 대하시는 것일까요?

엄마에게서는 어떤 냄새가 나나요?

우리는 어떤가요?

내가 한국 사람인 까닭은 한국에서 살기 때문입니다. 사람은 어디에서 사느냐에 따라 한국 사람이 되기도 하고 미국 사람이 되기도 합니다. 그리고 한국 사람은 한국식 생활과 풍습으로 살아가고, 미국 사람은 미국식 생활과 풍습으로 살아갑니다.

우리가 어디에 있느냐 하는 문제는 이처럼 단순히 위치만을 말하는 것이 아니라 그곳에서 하는 일과도 관련이 있습니다. 그래서 엄마는 우리가 놀이터나 오락실에 있다고 하면 "빨리 오지 못해!" 하며 야단을 치십니다. 마치 꽃밭에 가면 꽃향기가 나고, 먼지가 많은 곳에 가면 먼지가 묻는 것처럼 사람들도 어디에 있느냐에 따라 달라지기 때문이겠지요. 그렇다면 우리가 어디에 있는가 하는 문제는 우리가 무엇을 하며, 누구와 어떤 관계를 가지는가 하는 문제일까요?

바다에 사는 물고기와 하늘을 나는 새, 숲에 사는 짐승들, 사막에 사는 낙타와 늪에 사는 악어, 동굴에 사는 박쥐들은 각기 어떻게 살아가고 있나요? 얕은 강가에 사는 새와 바다 한가운데에 사는 새는 어떤 모습을 하고 있나요? 깊은 바다 속에 사는 물고기와 얕은 개울의 물고기는 어떻게 다르지요? 물에 사는 것과 땅 위에 사는 것들, 그리고 하늘을 나는 것들이 다른 모습으로 다르게 사는 이유는 무엇일까요?

생각꾸러미 열어보기
- 우리에게 공간이란 어떤 의미인가요?
- 사람은 어디에서 어떻게 살아가나요?
- 많은 사람들이 도시에 사는 이유는 무엇 때문일까요?

나와 다른 사람들, 그들은 누구인가요? 우리는 친구를 어떻게 사귀나요?
나와 같아서인가요? 아니면 나와 다르기 때문인가요?
다르기 때문에 사귀면서 같아지기를 원하고,
같아서 사귀면서 다르기를 원할 때는 없나요?
그래서 생긴 문제는 무엇이지요?

그들은 나와 같은가요, 다른가요?
타자에 대한 이해

동일성과 차이성 내 안에 누가 있어요

세계와 나 그리고 존재 나는 정말 나일까요?

나와 다른 사람들 그들은 누구인가요?

차이와 차별 우리는 무엇을 비교하나요?

혼자와 같이 혼자서 행복할 수 있을까요?

동일성과 차이성

내 안에 누가 있어요

부모님과 나는 많은 부분이 같습니다.

그렇다면 나와 부모님은 같은 사람인가요?

아니면 다른 사람인가요?

아버지와 할아버지, 그리고 증조할아버지와 나는 어떤 관계일까요?

친척 중 한 분이 러시아 여행을 다녀오신 선물로 아주 조그마한 목각인형을 주셨습니다. 그것은 어머니라는 의미를 가진 인형, 마트료시카입니다. 특이한 것은 이 인형 안에 똑같이 생긴 작은 인형들이 여러 개 들어 있다는 것입니다. 이 인형을 보고 있으면 마치 엄마 아빠와 나를 보는 것 같습니다. 나와 내 부모님 그리고 부모님의 부모님 같다는 생각이 듭니다.

아빠의 오랜 친구 분들이 집에 놀러 오시면 항상 하시는 말씀이 있습니다. "제 아빠와 빼닮았네!" 혹은 "아빠 어렸을 때 얼굴이네!" 또 어떤 분은 "할아버지를 많이 닮았구나" 하십니다. 나를 두고 어른들은 아빠와 할아버지 이야기를 합니다. 어떤 때는 아빠를 닮았다고 하면 당연하다 싶다가도 어떤 때는 '그럼 나는 누구인가' 하는 생각도 듭니다. 도대체 나와 아버지, 할아버지는 어떤 관계인가요? 우리는 같은 사람이라 해야 할까요? 아니면 다른 사람이라 해야 할까요?

나를 낳아준 부모님, 그리고 부모님을 낳아준 할머니와 그 할머니를 낳아주신 할머니의 할머니들을 포함하여 내가 지금 여기에 있기까지 셀 수도 없이 많은 사람들이 있었겠지요. 그리고 보면 한 사람이 이 세상에 있기까지 우리가 알지 못하는 굉장히 많은 사람들이 있습니다. 이런 생각이 드는 날에는 꿈에서 나와 닮은 많은 사람들을 만납니다.

동일성과 차이성 어떤 대상에서 자신과 성질이 같거나 관계가 있는 것을 동일성, 전혀 다른 것을 차이성이라고 해요. 예를 들어 아기와 강아지는 귀엽다는 면에서 동일성을 띠고 있어요.

생각꾸러미 열어보기
- 우리는 무엇에 근거하여 '같다', '아니다'를 말하나요?
- 혈연이 아닌 경우에도 그런 일이 있나요?
- 다른 사람들과 우리는 어떤 면이 같고 다를까요?

세계와 나 그리고 존재

나는 정말 나일까요?

가끔씩 나 자신을 모를 때가 있습니다.

내가 아는 나는 정말 나일까요?

그렇다면 우리는 왜 우리 마음대로 하지 않는 것일까요?

나도 모르는 또 다른 무엇이 내 안에 있을지도 모릅니다.

나는 정말 나이기만 한 것일까요?

나는 정말 나일까요? 어떤 때는 나의 마음을 잘 모를 때가 있습니다. 내 마음과 달리 행동할 때에는 내 안에 다른 사람이 들어와 있는 것 같기도 합니다. 왜 우리는 마음과 달리 행동할까요? 어쩌면 다른 사람들이 생각한 것을 나도 옳다고 생각하면서 나의 생각이라고 착각하는 것이 아닐까요? 그렇다면 이 세상의 모든 것들이 다 그런 것 아닐까요?

세상에는 100퍼센트 그것이기만 한 것이 있을까요? 그렇다면 나도 나만의 것이 아닐지도 모릅니다. 그런데도 우리는 나, 내 생각, 내 것이라 합니다. 나는 나만의 것인가요? 나만의 것이라고 할 때와 그렇지 않을 때 무엇이 어떻게 달라지나요?

아빠는 가끔 나와 누나를 동작동 국립묘지로 데려 가십니다. 그리고 저희에게 물으십니다. "여기 묻힌 분들은 누구 때문에 묻혔을까?" 누나와 내가 "저희 때문이에요"라고 대답하면 아빠는 고개를 저으며 "다시!"를 외치시지요. 그러면 우리는 다시 고쳐 대답합니다. "네, 저 때문이에요." 그제야 아빠는 힘주어 말씀하십니다. "그래, 바로 너희들을 위해 희생하신 거란다. 그러니 너희들은 너희들만의 것이 아니다. 이 분들이 살고 싶었던 꿈, 희망까지 네가 살아야 한다." 처음에는 아빠가 무서워서 아무 생각 없이 시키는 대로 대답했습니다. 그런데 가만히 생각해보면 아빠 말씀이 옳은 것 같습니다.

동작동 국립묘지 서울 동작동에 있는 국립묘지로 국립서울현충원이 정식 이름이에요. 대통령과 나라를 위해 싸운 독립운동가, 군인, 경찰들을 모신 무덤으로, 매년 6월 6일 현충일에는 이곳에 묻힌 사람들을 위해 추모행사를 열고 있어요.

생각꾸러미 열어보기
- 왜 우리는 나만의 것이지만 나만의 것이 아니기도 할까요?
- 내가 나만의 것이 아니라면 나는 어떻게 해야 하나요?
- 내가 아닌 것도 나의 책임일 수 있나요?

나와 다른 사람들

그들은 누구인가요?

세상에는 나와 다른 사람들이 많이 있습니다.

세상은 나와 다른 모습, 나라, 풍습, 문화를 가진 사람들이 모여 사는 곳입니다.

그렇다면 그들은 나와 같은 친구일까요, 아니면 나를 힘들게 하는 사람들일까요?

그들과 어떻게 지내는 것이 바람직한 것일까요?

우리 반에 새로 전학 온 친구가 있습니다. 베트남에서 열 살까지 살다가 한국에 온 친구입니다. 생김새는 우리와 비슷한데, 더운 나라에서 살다 와서 그런지 얼굴빛은 우리보다 검게 타 보였습니다. 이전에 할아버지에게 베트남 이야기를 들어서인지 그 친구가 낯설게 느껴지지는 않았지만, 그 친구와 가까워지기에는 용기가 필요했습니다. 왜냐하면 다른 친구들이 어떻게 생각할까 조금은 걱정도 되었기 때문이지요.

하지만 우리는 얼마 되지 않아 친한 친구가 되었습니다. 그 친구 덕분에 우리 반에 재미있고 좋은 일들이 많이 생겼기 때문입니다. 그것이 무엇이냐고요? 소풍 가서 장기자랑에 나가는데 마침 그 친구가 우리에게 베트남 춤을 가르쳐 주었습니다. 덕분에 우리 반은 일등을 할 수 있었답니다. 일등을 했기 때문에 좋은 것도 있지만 춤을 배우면서 친해질 수 있었기에 더 좋았습니다. 좋은 것은 그것만이 아닙니다. 생전 먹어보지 못한 베트남 음식도 먹어 보고, 베트남 말도 배워보고, 옷도 입어보면서 우리와 다른 사람들이 어떻게 살아가는지를 알 수 있었습니다.

우리가 친구가 된 후 나는 많은 것들을 알게 되었고, 하게 되었고, 할 수 있게 되었습니다. 물론 아직도 친구에 대해 잘 아는 것은 아닙니다. 어쩌면 우리는 알기 때문에 친구가 되는 것이 아니라 서로 모르기 때문에 친구가 되기도 하는 것 같습니다. 모르기에 서로를 조금씩 알아가면서 말입니다. 그 친구 덕분에 나는 다른 세상의 모든 친구들과 친해질 수 있는 용기를 가지게 되었습니다.

베트남 베트남이 남과 북으로 나뉘어 싸울 때, 우리나라와 미국은 남베트남을 도와주었지만 결국 북베트남이 전쟁에서 이겼어요. 그 후로 한동안 우리나라와 사이가 안 좋았지만, 지금은 활발한 경제 협력을 통해 대한민국의 9위 수출국이자 28위 수입국이 되었어요.

생각꾸러미 열어보기
- 우리는 친구를 어떻게 사귀나요?
- 나와 같아서인가요, 아니면 나와 다르기 때문인가요?
- 나와 다른 친구를 사귈 때는 같아지기를 원하고, 나와 같은 친구를 사귈 땐 다르기를 원한 적 없나요?
- 그래서 생긴 문제는 무엇인가요?

차이와 차별

우리는 무엇을 비교하나요?

세상에는 서로 다른 생명체들이 살아갑니다.
서로 다른 것들을 우리는 비교할 수 있나요?
차이와 차별은 어떻게 다른 것일까요?
차별하는 세상에서 우리는 행복할 수 있을까요?

세상에는 많은 사람들이 살아갑니다. 사람들은 어떤 것은 같다고 하고, 또 어떤 것은 다르다고 합니다. 우리는 무엇이 같고 다른 것일까요? 정말 같은 사람이 있을까요? 다르기만 한 사람도 있을까요?

우리는 모두 같은 사람이지만 생긴 모습도 사는 곳도 좋아하는 것도 다릅니다. 어떤 것은 같아서 좋아하고, 어떤 것은 달라서 좋아합니다. 또 어떤 것은 같아서 싫어하고, 어떤 것은 달라서 싫어합니다.

다르다는 것은 무엇을 말하나요? 차이와 차별은 어떻게 다른 것일까요? 서로 다른 것을 우리는 비교할 수 있나요? 비교할 수 없어도 차별할 수 있나요?

차별을 하게 되면 어떤 일이 생길까요? 차이와 차별을 구별 못하는 사회는 어떤 사회인가요?

생각꾸러미 열어보기
- 누구를 차별한 적은 없나요?
- 차별을 받는다면 어떨 것 같나요?
- 차별 없는 세상은 어떻게 이루어질까요?

혼자와 같이

혼자서 행복할 수 있을까요?

우리는 누군가와 함께 살아갑니다.

똑똑하고 잘난 사람이라도 혼자 살면 외롭고 힘들지요.

반대로 부족한 사람이라도 함께 살면 즐겁고 행복하답니다.

왜 혼자서는 행복을 느낄 수 없을까요?

사람은 자립심을 가져야 하지만, 혼자가 아니라 모두 함께 사회를 이루어 삽니다. 그 까닭은 무엇일까요?

모습도 다르고, 피부도 다르고, 나라도 다르고, 언어도 다른 사람들이 모여서 세상을 이룹니다. 만약 세계가 같은 사람과 나라, 인종, 문화만 고집한다면 어떻게 될까요? 제2차 세계대전에서 독일의 히틀러는 왜 유대인들을 죽였나요? 이 세상에 같은 사람만 산다면 어떻게 될까요?

자신만 잘 살려는 사람들로 이루어진 세상에서 행복할 수 있을까요? 모두 함께 잘 사는 일은 손해인가요? 지금 우리가 사는 세상은 어떤가요? 우리가 더불어 잘 살기 위해서는 무엇이 필요한가요? 그것을 위해 무엇을 하고 있나요? 혼자 할 때와 같이 할 때는 언제인가요? 무지개의 색깔이 하나라면 무지개라고 부를 수 있을까요? 산과 계곡이 따로 존재할 수 있나요?

동전의 앞면과 뒷면을 구별할 수는 있지만 분리할 수는 없습니다. 너와 나 역시 차이는 있지만 함께해야 합니다. 우리는 서로 도와야 잘 살 수 있는 부족한 사람이기 때문입니다.

생각꾸러미 열어보기
- 혼자 할 수 있는 일과 같이 할 수 있는 일에는 어떤 일들이 있나요?
- 혼자 할 때와 같이 할 때의 차이는 무엇인가요?

눈으로 보는 세상과 마음으로 읽는 세상,
공동체 일원으로서의 나와 나를 위한 공동체,
혼자인 세계와 같이하는 세계.
거기엔 무엇이 있고 없나요?
있어야 할 것과 없어야 할 것은 무엇인가요?

세상은 어떤 모습일까요?
세계에 대한 이해

공간의 인식 그곳에는 무엇이 있나요?

존재와 역할 있어야 할 것과 없어야 할 것은 무엇인가요?

개인과 국가 국가가 행복을 지켜주나요?

하나인 세계 혼자서는 할 수 없어요

공간의 인식

그곳에는 무엇이 있나요?

내가 있는 곳이 어디인가에 따라 볼 수 있는 것도 다릅니다.

동물원이나 수족관에서 볼 수 있는 것들이 있고,

시장이나 공장에서 볼 수 있는 것이 있습니다.

반대로 우리는 그곳에 무엇이 있는가에 따라

그곳이 어디인지 알기도 합니다.

우람이는 엄마를 따라 시골 오일장에 갔습니다. 그곳에는 나이 드신 할머니들이 나물을 자루에 담아 팔고 계셨고, 주름진 얼굴의 뻥튀기 할아버지와 각설이 춤을 추는 엿장수 아저씨도 있었습니다. 도시에 가면 차와 사람을 많이 볼 수 있고, 바다에 가면 배와 생선을 많이 볼 수 있듯이 그곳이 어디인가에 따라 우리가 볼 수 있는 것도 다릅니다. 동물원이나 수족관, 백화점에서 볼 수 있는 것들이 있고, 시장이나 공장에서 볼 수 있는 것이 있습니다. 그러기에 우리는 그곳에 무엇이 있는가에 따라 거기가 어디인지 알기도 합니다.

서울의 어떤 곳은 병원이 참 많이 있습니다. 또 어떤 곳은 학원이 많습니다. 공장이 많이 있는 곳도 있고, 논이 많이 있는 곳도 있고, 밭이 많이 있는 곳도 있으며, 오징어가 많이 나는 곳도 있고, 약초가 많은 곳도 있습니다.

우리 동네에서 많이 볼 수 있는 것은 무엇인가요? 우리 집에서 많은 것은 무엇인가요? 내게 가장 많은 것은 무엇인가요? 책이 많이 있는 곳은 어디이지요? 친구들이 많은 곳은 어디인가요? 운동을 좋아하는 사람들은 어디에 많이 있을까요? 추운 곳을 좋아하는 동물은 어디에 많이 살까요? 더운 곳을 좋아하는 어른들은 어디를 많이 가나요? 잘못한 사람들이 많이 있는 곳은 어디이지요? 젊은 사람들이 많이 있는 곳은 어디인가요? 쓰레기가 있는 곳, 나무가 많은 곳, 물이 있는 곳, 공기가 깨끗한 곳, 그곳은 어디인가요?

오일장 5일에 한 번씩 열리는 시장이에요. 오일장이 열리면 다양한 물건들을 팔기도 하고 교환도 하는 등 볼거리, 즐길 거리가 풍성해요.

생각꾸러미 열어보기
- 우리가 있는 곳은 어디인가요?
- 우리에게 좋은 곳은 어디인가요?
- 그곳이 왜 좋은가요?

존재와 역할

있어야 할 것과 없어야 할 것은 무엇인가요?

우리에게 필요한 것은 무엇일까요?

세상에는 있어서 좋은 것은 없고, 없어야 좋은 것은 있습니다.

있어야 하는 데 없고, 없어야 하는 데 있는 것도 있지요.

우리가 원하는 것들을 위해서 무엇을 어떻게 해야 할까요?

내 책상 서랍 속에는 물건들이 뒤죽박죽 마구 섞여 있습니다. 그 속에 무엇이 있는지 나도 잘 모릅니다. 마음은 늘 치워야지 하지만, 막상 정리를 하려면 막막한 생각이 들어서 나중에 해야지 하며 또 미루곤 합니다. 그래서 무엇을 찾으려면 시간도 오래 걸리고 빠트리기도 하고 영 불편한 것이 아닙니다. 그 때문에 엄마에게 늘 야단을 맞습니다. 이번 주말에는 꼭 정리를 하겠다고 엄마와 약속을 했습니다. 어떻게 하면 정리를 잘할 수 있을까요?

불필요한 물건은 치우고 물건들을 쓰기 편하게 제 위치에 놓는 것이 중요하다면, 우리는 무엇을 치우고 어떤 것을 어디에 놓아야 할까요? 우리에게 있어야 좋은 것과 없어야 좋은 것에는 어떤 것이 있나요? 있어야 하는데 없는 것과, 반대로 없어야 하는데 있는 것은 무엇이지요?

나의 습관이나 태도, 버릇에서 좋은 버릇과 버려야 할 나쁜 버릇은 없나요? 잘 알면서도 그렇게 하지 못하는 이유는 왜일까요? 혹시 이런 일들을 서로 뒤바꾸어 하고 있지는 않나요? 내 방에서 그리고 집에서, 학교에서는 어떤가요? 우리 동네에서 사라져야 할 것은 무엇이고, 있어야 하는 것은 무엇인가요? 우리 사회에서 그런 것은 없나요?

생각꾸러미 열어보기
- 나는 있어야 할 것, 있어서 좋은 것, 있어야만 하는 것들을 잘 정리하고 있나요?
- 정치가는 어떤 일을 하는 사람인가요?

개인과 국가

국가가 행복을 지켜주나요?

우리는 혼자가 아니라 다른 사람들과 더불어 살아갑니다.
그 이유는 무엇일까요?
다른 사람들과 같이 살기 위해서는 무엇이 필요한가요?
국가는 어떻게 해서 생겨난 것일까요?
국가와 나는 어떤 관계인가요?

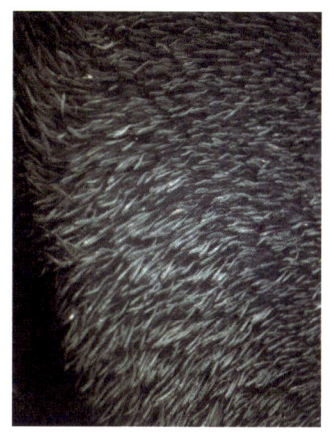 이 사진은 상어의 공격으로부터 자신들을 방어하기 위해 물고기들이 똘똘 뭉친 모습이랍니다. 이처럼 힘이 약한 것들은 서로 힘을 모아서 강자에 대응하기도 합니다. 벌, 개미, 얼룩말이 그렇습니다. 하늘을 나는 새들도 마찬가지요. 작고 힘없는 새들은 독수리처럼 혼자가 아니라 항상 무리를 지어 날아다닙니다.

무리를 이루는 어류 작고 힘없는 물고기들은 상어나 참치 같은 큰 물고기에게서 몸을 지키기 위해 무리를 이루는 습성이 있답니다. 무리를 이루면 포식자들이 쉽게 공격하지 못하지요.

사람은 어떨까요? 사람도 위험으로부터 자신을 지키기 위해 공동체를 만들어 삽니다. 그것이 바로 국가입니다. 그러므로 국가는 개인의 행복과 안녕을 지키기 위한 것이라 할 수 있습니다. 그런데 국가가 개인의 행복을 지켜주기보다는 오히려 힘들게 할 때도 있습니다. 그때가 언제인가요?

개인의 행복을 지켜주지 못하는 국가는 의미가 있을까요? 그런 일이 생기지 않도록 하기 위해 사람들은 어떤 노력을 하나요? 여러 가지 제도나 법률은 누가 무엇을 위해 만드는 것일까요? 그것들이 잘 지켜지려면 우리는 어떻게 해야 하는 것일까요? 서로 다른 개인들의 행복과 안녕을 위해 국가는 무엇을 어떻게 해야 할까요? 때로는 다수를 위해 소수를 희생시켜도 될까요? 그렇다면 국가는 개인보다 우선하는 것일까요? 국가에서 가장 중요한 것은 무엇일까요?

생각꾸러미 열어보기
- 우리 모두가 원하는 나라는 어떤 나라인가요?
- 만약에 내가 책임을 맡는다면 무엇을 어떻게 하고 싶나요?

하나인 세계

혼자서는 할 수 없어요

세계는 이제 지구촌이라고 합니다.

이것은 무엇을 말하는 것일까요?

그런데도 끊임없이 갈등과 분쟁,

전쟁이 그치지 않는 이유는 무엇일까요?

뉴스를 보시던 엄마와 아빠는 큰일이라고 말씀하십니다. 이웃 중국에서 봄철만 되면 불어오는 황사가 내일은 아주 많이 불어올 모양입니다. 가만히 생각해보니 황사가 요즈음 들어 아주 많이, 자주 불어오는 것 같습니다. 중국에서 생긴 황사는 우리나라, 일본은 물론 태평양을 건너 미국에까지 이른다고 합니다. 황사는 이제 중국만의 문제가 아니라, 우리나라를 넘어 전 세계의 문제가 되고 있습니다. 한 나라에서 생기는 일이 이제는 더 이상 그 나라만의 일이 아니게 될 것입니다.

이를 위해 우리는 어떻게 대처해야 할까요? 황사 외에도 세계가 서로 도와야 하는 일들이 있을까요? 조류독감, 에볼라 바이러스와 같은 전염병의 경우에는 어떤가요? 세계가 같이 하지 않으면 어떤 일이 생길까요? 전쟁으로 생기는 피해는 어떤 것들이 있나요? 전쟁을 원하는 사람도 있을까요? 폭력으로 얻을 수 있는 것도 있나요? 원자력과 같은 것은 어떤 문제가 있나요? 경제와 환경은 같이 할 수 없는 문제인가요? 녹색문명이란 무슨 뜻이지요?

황사 현상 중국의 사막에서 불어오는 먼지바람으로 바다를 타고 한국까지 건너와 우리에게 피해를 주고 있어요.

생각꾸러미 열어보기
- 나라마다 서로 다른 입장을 주장한다면 어떻게 될까요?
- 나라의 이익과 세계의 안위가 서로 다를 때 우리는 어떤 선택을 해야 하나요?
- 이러한 문제를 해결하기 위해 무엇이 필요할까요?

사람은 같은 것을 달리 보기도 합니다.
왜 이렇게도 보이고 또 저렇게도 보이는 것일까요?
사람은 생각하는 대로 보는 것일까요, 보이는 대로 생각하는 것일까요?
나의 생각과 다른 사람들의 생각은 언제나 다르기만 할까요?
세상과 우리의 생각은 어떠한 차이가 있나요?

우리는 무엇을 어떻게 아나요?
사물에 대한 이해

인식과 가치 어떻게 보느냐에 따라 달라져요

사실과 의미 사과를 보면 무엇이 생각나요?

실재와 현상 보이는 게 진짜 모습일까요?

인식과 사실 무엇을 보고 판단하나요?

개별자와 동일자 나무와 열매는 하나일까요?

인식과 가치

어떻게 보느냐에 따라 달라져요

가끔씩 같은 것을 보는데도 다르게 보일 때가 있습니다.

언제 어디에서 어떻게 보는가에 따라 보이는 것이 달라지기도 합니다.

또 얼마나 가까이, 자세히 보느냐에 따라 전혀 다르게 느껴지기도 하지요.

우리는 무엇에 근거하여 사물을 판단하나요?

그리고 무엇이 우리의 생각을 만드는 것일까요?

이 그림이 무엇으로 보이나요? 오리처럼 보이나요, 토끼처럼 보이나요? 같은 그림인데 왜 다르게 보일까요?

새가 지저귀고 있습니다. 그렇다면 새는 노래를 하는 것일까요, 우는 것일까요? 닭의 울음 소리는 왜 나라마다 다른 것일까요?

우리나라는 까치가 길조라 하고, 일본은 까마귀가 길조라합니다. 컵에 물을 담으면 물컵이 되고, 연필을 꽂으면 연필꽂이가 되며, 꽃을 꽂으면 꽃병이 됩니다. 뜨거운 국물을 마시며 엄마는 시원하다고 하고 우리는 뜨겁다고 합니다. 왜 우리는 같은 것을 달리 말하고 같은 것을 다르게 볼까요?

사람은 저마다 사는 곳이 다르고, 시간이 다르고, 환경이 다르고, 처지가 다릅니다. 그래서 생각하는 것도 다릅니다. 생각하는 것이 다르기에 같은 것을 보면서 다르게 말하기도 합니다. 그 때문에 우리는 그 사람이 말하는 것을 보고 말하는 사람의 생각을 읽을 수 있지요.

또 반대로 무엇을 어떻게 보는가에 따라 우리의 생각이 달라지기도 합니다. 나는 지금 무엇을 어떻게 보며 생각하고 말하고 있나요?

편향과 배제 세상을 볼 때 하나의 관점에 쏠리는 것을 편향이라고 해요. 편향적인 시각을 가진 사람은 다른 관점으로 안 보려고 하는데 이것이 배제에요. 예를 들어 남자는 힘이 세야 하고 여자는 요리를 잘 해야 한다고 생각하는 사람은 그렇지 않은 사람을 인정하지 않는 경우가 많은데 이것이 배제에요.

생각꾸러미 열어보기
- 우리의 생각은 어떻게 생기는 것일까요?
- 사람은 생각에 따라 보는 것일까요, 보이는 대로 말하는 것일까요?

사
실
과
의
미

사과를 보면 무엇이 생각나나요?

우리는 사물을 볼 때 어떤 생각을 갖고 봅니다.

사람은 입장이 다르면 생각도 달라지고,

생각이 다르면 같은 것이 달리 여겨지기도 합니다.

그런데 달리 여겨진다는 것은 무슨 뜻일까요?

달라지는 것과 달리 여기는 것은 같은 것인가요, 다른 것인가요?

이 둘은 어떤 차이가 있는 것일까요?

여기 사과가 있습니다. 우리는 사과를 보며 무엇을 생각하나요? 맛있다, 달다, 새콤하다는 생각이 들 거예요. 예쁘다, 동그랗다는 생각을 하기도 하지요.

혹시 백설공주의 사과가 떠올랐나요? 아담과 이브가 먹은 사과나 세잔느가 그린 사과는 떠오르지 않던가요? 빌헬름 텔이 화살로 쏜 사과는 어떤 의미가 있나요? 왜 우리는 사과를 보며 뉴턴을 떠올릴까요? 스티브 잡스가 생각나는 사람도 있을 거예요. 잡스는 왜 회사의 로고를 사과로 했을까요? 시인은 사과를 보며 무슨 생각을 했을까요?

과학자는 어떠했을까요? 과수원집 아저씨는 이들과 같은 생각을 했을까요? 우리는 어떤 생각을 하나요? 왜 우리는 같은 사과를 보면서도 서로 다른 생각을 하는 것일까요?

폴 세잔느 1839~1906 세잔느는 평생 사과 정물화를 그렸어요. 어릴 적 세잔느는 같은 반 아이들에게 괴롭힘을 받는 에밀 졸라를 도와주었고, 에밀은 감사의 표시로 세잔느에게 사과를 선물해준 적이 있어요.

생각꾸러미 열어보기
- 사과를 보면 무슨 생각이 드나요?
- 사과와 우리들이 생각하는 사과는 어떻게 같고 다른가요?
- 사과와 관련된 이야기는 무엇이 있나요?

실재와 현상

보이는 게 진짜 모습일까요?

우리가 알고 있는 것과 사실은 다르기도 합니다.

이 말은 무엇을 의미하는 것일까요?

그럼 우리가 알고 있는 것은 무엇인가요?

우리가 아는 것이 사실과 다르지 않다면

왜 사람들은 같은 것을 두고 저마다 다르게 이야기할까요?

사실과 우리가 아는 것이 다르다면 이 둘은 어떤 관계일까요?

한나는 학교에서 밥을 먹다가 젓가락을 컵 속에 빠트렸습니다. 그런데 젓가락이 휘어져 보이는 것입니다. 한나는 깜짝 놀라 컵 속에서 젓가락을 꺼내 봅니다. 그런데 젓가락은 아무런 이상이 없습니다. 한나는 우리 눈에 보이는 것과 사실은 다를 수도 있다는 것을 알게 되었습니다.

지금까지 우리가 보고 믿고 생각한 것들이 실제는 다를 수도 있다는 것은 무슨 뜻인가요? 그렇다면 어떻게 맞고 틀림을 이야기할 수 있을까요? 독일의 칸트라는 철학자는 우리는 사물의 참다운 실재에 대해서는 알지 못하고, 단지 우리에게 드러난 것만을 알 뿐이라고 말합니다. 그런데 헤겔이라는 철학자는 이와 다르게 이야기합니다. 우리가 진짜로 사물의 실재를 알 수 없다면 우리는 '안다', '모른다'조차도 말할 수 없어야 한다는 것입니다.

이 두 사람의 생각의 차이는 무엇일까요? 왜 칸트는 모른다고 하고 헤겔은 알 수 있다고 할까요? 나의 생각은 어떤가요? 만약에 칸트처럼 모른다고 한다면 어떤 문제가 있고, 헤겔처럼 안다고 하면 어떤 일들이 문제일까요?

친구나 부모님, 그리고 그 밖에 내가 만나는 많은 사람들의 경우에는 어떤가요? 나의 생각과 그들의 생각이 같을 때가 많나요, 다를 때가 많나요? 왜 우리는 알기도 하고 모르기도 할까요?

임마누엘 칸트 1724 ~ 1804
칸트는 독일의 철학자로 기존의 철학을 비판하는 비판철학을 탄생시켰어요. 저서로 〈순수이성비판〉, 〈실천이성비판〉 등이 있답니다.

게오르크 헤겔 1770 ~ 1831
칸트의 철학을 계승하고 독일의 관념론 철학을 완성한 철학자예요. 모든 사물의 전개를 정·반·합 3단계로 나누는 변증법은 헤겔의 논리학과 철학의 핵심이에요.

생각꾸러미 열어보기
- 우리는 세상과 사실을 다르게 생각하고 있지 않나요?
- 그래서 혼자 슬퍼하고 외로워하고 괴로워하는 일은 없나요?
- 만약에 우리 생각이 틀렸다면 어떻게 해야 할까요?
- 그런데 우리는 그것이 틀렸다는 것을 어떻게 알 수 있나요?

인식과 사실

무엇을 보고 판단하나요?

어떤 것에 대해 이야기할 때 우리는 무엇에 근거하여 이야기하나요?

생긴 모습인가요, 그것의 쓰임새인가요?

아니면 그것이 만들어진 재료, 성질인가요?

그것도 아니면 또 다른 무엇이 있나요?

이 그림은 해바라기가 아닙니다. 그렇다면 이것은 무엇이지요? 우리는 무엇에 근거하여 해바라기다 아니다를 이야기하는 것일까요? 그럼 이것은 그림일까요? 해바라기라고 부를 때는 언제이고, 그림이라 부를 때는 언제인가요? 이것이 해바라기도 그림도 아니라면 과연 무엇일까요?

이것은 내게 선물이 될 수도 있고, 벽에 붙인 장식품이 될 수도, 나타났다 사라지는 꿈이 될 수도 있습니다. 그 외에 또 다른 무엇이 될 수도 있나요? 이것 말고 다른 것들도 그렇지 않을까요?

벨기에의 유명한 화가 르네 마그리트는 〈이미지의 반역〉이라는 그림에서 파이프를 그려놓고 "이것은 파이프가 아닙니다"라고 이야기합니다. 그렇다면 그것은 뭐라고 해야 할까요? 왜 마그리트는 우리에게 그렇게 묻는 것일까요?

생각꾸러미 열어보기
- 해바라기를 그림이라 하면 틀린 것일까요?
- 해바라기가 아니라고 말하는 근거는 무엇인가요?
- 사람들은 왜 해바라기라고 부르기를 고집하는 것일까요?

개별자와 동일자

나무와 열매는 하나일까요?

서로 다른 것도 시간이 지나면 닮아가고,

서로 같은 것도 시간이 흐르면 달라지기도 합니다.

그런데 우리는 무엇에 근거하여 같고 다름을 이야기할까요?

같으면 좋아하고 다르면 싫어하는 이유는 무엇일까요?

세상에는 같은 것이 있을까요?

우리는 서로 다르기만 할까요?

도토리가 땅에 묻혀 싹이 나 자라면 상수리나무가 됩니다. 그리고 상수리나무가 열매를 맺으면 도토리가 됩니다. 그렇다면 도토리와 상수리나무는 같은 것일까요, 다른 것일까요? 도토리로는 묵을 쑬 수 있어도 상수리나무로 묵을 쑤지 못합니다. 상수리나무로는 책도 만들고 책상도 만들 수 있지만 도토리로는 만들 수 없습니다. 도토리와 상수리나무는 다른 것일까요?

도토리와 상수리나무는 어떤 관계일까요? 같다고 한다면 무슨 이유에서 같고, 다르다면 무슨 까닭에서 다른가요? 우리는 무엇에 근거하여 같고 다름을 말하나요? 꽃과 열매는 같은 것인가요, 다른 것인가요? 새와 알은 어떨까요? 멸치를 잡아먹은 큰 생선과 멸치는 어떤 관계이지요? 자연과 우리는 어떤가요? 모든 생명체들과 우리는 어떤가요?

생각꾸러미 열어보기
- 엄마와 나, 아버지와 할아버지는 같은가요, 다른가요?
- 친구와 나, 그리고 오빠와 동생은 같은가요, 다른가요?
- 파키스탄 사람들과 아프리카, 미국의 친구들과 나는 어떤 점이 같고 다른가요?

어떤 사람은 보이는 것도 보지 못하고,
어떤 사람은 안 보이는 것을 마치 보이는 것처럼 이야기합니다.
무엇이 있고 없는 것일까요? 좋고 나쁨은 누가 정하는 것일까요?
내게 잘하는 사람은 좋은 사람이고, 내게 잘못하는 사람은 나쁜 사람인가요?
그렇다면 나는 누군가에게는 좋은 사람이고, 또 다른 누군가에게는 나쁜 사람일까요?

무엇이 사실인가요?
사실과 이해의 문제

보이는 것과 보이지 않는 것 여기는 섬인가요, 육지인가요?

역설의 진리 왜 생각과 반대로 말하는 걸까요?

사유와 존재 우리는 태어나는 것인가요, 만들어지는 것인가요?

자유와 책임 행복하려면 무엇이 필요한가요?

오해와 이해 화난 것이 아니라 아픈 거래요

보이는 것과 보이지 않는 것

여기는 섬인가요, 육지인가요?

우리는 눈에 보이면 있다고 하고 보이지 않으면 없다고 합니다.

그러나 그렇지 않은 사람도 있습니다.

어떤 사람은 눈에 보이는 것도 없다고 하고, 보이지 않는 것도 있다고 합니다.

있다는 것은 무엇이고 없다는 것은 또 무엇일까요?

이번 여름에 바닷가에 사는 친척집에 놀러간 적이 있습니다. 친척 형들과 갯벌에 가서 조개를 주우며 놀고 있는데, 형이 빨리 돌아가자고 말합니다. 그러고 보니 아까는 없던 바닷물이 발목까지 차올라옵니다. 우리는 서둘러 왔던 길을 돌아 나왔습니다. 뒤를 돌아보니 아까까지 형들과 놀았던 곳이 지금은 섬이 되었습니다. 오늘 있었던 일을 일기에 적으려 하니 그곳을 육지라고 해야 할지 섬이라고 해야 할지 모르겠습니다. 그곳은 섬일까요, 육지일까요?

　사람은 눈에 보이지 않으면 없다고 생각하지만, 하늘을 나는 비행기도 보이지 않는 길을 가고, 우리에게 필요한 산소도 눈에 보이지 않습니다. 늘 끊임없이 흘러가는 거대한 물줄기도 눈에 보이지 않고, 멀리 날아간 새도 눈에 보이지 않습니다. 가까이 있지만 건넌방으로 들어간 동생도 눈에 보이지 않습니다. 주머니 속에 있는 휴대폰도 보이지 않습니다. 또 우리들이 꾸는 꿈도 보이지 않습니다. 계절이 오고 가는 것도 보이지 않고, 엄마의 사랑도 보이지 않습니다. 보이지 않는다고 해서 이것들이 없는 것일까요? 전자파나 방사능은 눈에 보이지 않지만 우리를 해롭게 합니다. 없는 것이 우리를 해롭게 할 수 있나요?

　폐쇄화라고 하는 고마리는 땅속에서 꽃을 피웁니다. 쉽게 사람들의 눈에 띄지 않지요. 그래서 잘 모르는 사람들은 고마리는 꽃을 피우지 않는다고 생각합니다.

　우리는 보이는 것을 보면서 보이지 않는 것을 생각하기도 하나요? 말로 하지 않은 것도 들을 수 있을까요?

생각꾸러미 열어보기
- 보이지는 않지만 있는 것은 어떤 게 있나요?
- 우리는 그것을 어떻게 알 수 있을까요?

역설의 진리

왜 생각과 반대로 말하는 걸까요?

나는 생각한 대로 말하지 못하는 경우가 많이 있습니다.

왜 우리는 생각과 다르게 말을 하는 것일까요?

그 이유가 뭘까요?

나만 그런 것일까요?

아니면 다른 사람도 그런가요?

우람이는 오늘 기분이 별로 좋지 않습니다. 아침에 엄마에게 화를 낸 것이 영 마음에 걸리기 때문입니다. 엄마가 방이 깨끗하지 않다고 하자 그만 자신도 모르게 "됐어, 내가 알아서 할 거야!"라고 소리치며 방문을 꽝 닫고 나왔기 때문입니다.

우람이는 자신의 이런 행동이 엄마의 마음을 얼마나 아프게 하는지 잘 압니다. 이전에 비슷한 일이 있었을 때 엄마의 눈가에 눈물이 고인 것을 본 적이 있습니다. 그래서 마음은 그러고 싶지 않은데, 자신도 모르게 자꾸 그런 행동을 하고는 후회합니다.

우람이는 압니다. 엄마가 누나와 자신을 위해 힘들게 일하신다는 것을. 그래서 조금이라도 엄마가 힘들지 않도록 도와드리고 싶고, 공부를 잘해서 엄마를 기쁘게 해드리고 싶고, 엄마 말도 잘 듣는 착한 아들이 되고 싶습니다. 하지만 마음처럼 잘 되지가 않습니다. 왜 그런지 우람이 자신도 잘 모르겠습니다.

그런데 엄마는 우리와 다른 것 같습니다. 우리가 잘못해도 언제나 기다려주시고 참아주시고 용서해주십니다. 내가 엄마라면 많이 서운할 것 같은데 말입니다. 엄마는 어떻게 그럴 수 있을까요? 아마도 엄마에게는 우리와 다른 힘이 있는 것 같습니다. 그래서 우리가 삐딱하게 굴어도 반듯하게 보시고, 우리가 거꾸로 이야기해도 바로 들으시는 것 같습니다. 우리가 무슨 소리를 해도, 우리가 어떤 일을 해도 우리를 사랑하는 엄마의 저 힘은 어디에서 나오는 것일까요?

역설 역설에는 두 가지 뜻이 있어요. 한 가지 뜻은 어떤 생각이나 주장에 반대되는 말이에요. 다른 뜻은 특정한 상황에서 모순을 일으키는 말이에요. 예를 들어 김치를 싫어하는 한국 사람이 "한국 사람은 김치를 먹어야 해"라고 말하는 것을 역설이라고 해요.

생각꾸러미 열어보기
- 이런 힘은 어떻게 생겨나는 것일까요?
- 우리도 엄마처럼 어른이 되면 그런 힘을 가질 수 있을까요?

사유와 존재

우리는 태어나는 것인가요, 만들어지는 것인가요?

세상에는 좋은 사람과 나쁜 사람이 있습니다.

좋은 사람과 나쁜 사람은 태어날 때부터 정해져 있을까요?

아니면 태어난 후에 그렇게 된 것일까요?

그것도 아니면 상대에 따라 좋은 사람이 되기도 하고

나쁜 사람이 되기도 하는 것일까요?

세상에는 좋은 사람들이 많이 있지만, 그렇지 않은 사람들도 있습니다. 좋은 사람과 그렇지 않은 사람은 어떻게 생기는 것일까요? 처음부터 좋은 사람과 그렇지 않은 사람이 따로 정해져 있는 것일까요? 좋고 나쁨은 누가 정하는 것일까요? 내게 잘하는 사람은 좋은 사람이고, 내게 잘못하는 사람은 나쁜 사람인가요? 내게 나쁜 사람이 다른 사람에게는 좋은 사람이기도 할까요?

위 그림은 이탈리아의 유명한 화가 레오나르도 다 빈치의 〈최후의 만찬〉입니다. 다 빈치가 이 그림을 그릴 때의 일입니다. 다 빈치는 예수를 그리기 위해 가장 착한 모습을 한 사람을 찾아 나섰습니다. 오랜 시간이 흘러 마침내 천사의 모습을 한 청년을 발견한 다 빈치는 그를 모델로 하여 예수를 그렸습니다. 예수의 그림을 마친 다 빈치는 이번에는 가룟 유다를 그리기 위해 가장 악한 모습을 한 사람을 찾아 나섰습니다. 몇 십 년이 흐른 후에야 악마의 모습을 한 거지를 만나게 되었습니다. 그런데 그 사람은 일전에 천사의 모델을 했던 바로 그 청년이었습니다.

왜 천사의 모습을 했던 청년은 악마의 모습이 되었을까요? 무엇이 그 청년을 그렇게 변하게 한 것일까요?

착한 사람과 악한 사람은 따로 있는 것이 아니라 어떻게 사는가에 달린 것일지도 모릅니다. 그렇다면 착하고 악한 것은 처음부터 정해진 것이 아니고 늘 변할 수 있다는 이야기가 될까요?

레오나르도 다 빈치 1452~1519
이탈리아 르네상스 시대 화가로 〈최후의 만찬〉을 그렸어요. 그뿐 아니라 다 빈치는 조각, 건축, 토목, 수학, 과학, 음악에 이르기까지 다양한 방면에 재능을 보인 천재였어요.

생각꾸러미 열어보기
- 우리는 어떻게 변해가고 있나요?
- 점점 좋게 변하고 있나요, 아니면 점점 나쁘게 변해가고 있나요?

자유와 책임

행복하려면 무엇이 필요한가요?

점점 더 잘하는 사람이 있는가 하면,

점점 더 못하는 사람도 있습니다.

여러분은 어떤 사람이 되고 싶은가요?

지금은 어리지만 우리도 곧 어른이 됩니다.

어른은 저절로 되는 것인가요?

아니면 노력이 필요한 것인가요?

나는 어떤 사람이 되기를 원할까요? 우리는 우리가 원하는 것은 무엇이든지 할 수 있나요? 우리가 원하는 것과 다르게 이루어지는 것은 왜인가요?

사람은 잘되기보다 잘못되기가 쉬운가요? 처음부터 잘못하려고 하는 사람도 있을까요?

우리에게 필요한 것은 무엇인가요? 노력만으로 잘 살 수 있을까요? 만약 모든 것이 결정되어 있는 것이라면 노력이 무슨 의미가 있을까요? 그러면 공부를 해도 소용이 없는 것 아닐까요? 예수를 판 가룟 유다도 하나님이 미리 정해 놓은 일이라면 죄를 물을 수 있을까요?

우리에게 자유가 있다는 말은 무슨 의미일까요? 우리가 할 수 있는 일은 무엇이고, 할 수 없는 일은 무엇일까요?

우리는 부모를 잘못 만나서, 사회가 잘못되어서, 주변 사람들 때문에, 주변 환경이 잘못되어서 불행한가요? 아니면 우리에게 주어진 자유를 잘못 사용해서인가요? 우리가 행복하려면 무엇이 필요한가요? 행복한 사람들의 공통점은 무엇이던가요?

생각꾸러미 열어보기
- 나는 행복한 사람인가요?
- 나는 행복하기 위해 어떤 노력을 했나요?
- 나 자신이 아닌 다른 사람의 행복을 위해서 노력하는 이유는 무엇일까요?

오해와 이해

화난 것이 아니라 아픈 거래요

우리는 다른 사람을 잘 모릅니다.

그래서 오해할 때가 많지요.

그러나 다른 사람을 이해하려고 노력해야 합니다.

우리는 같이 살아가야 하니까요.

아기가 웁니다. 엄마는 얼른 아기를 안고 젖을 줍니다. 아기는 조금 있다가 배가 부른지 새근새근 잠이 들었습니다. 아기가 또 웁니다. 엄마는 얼른 기저귀를 바꾸어줍니다. 아기는 시원한지 방긋방긋 웃습니다. 아기가 또 웁니다. 엄마는 얼른 한 손으로 아기를 눕히고는 이부자리를 펴줍니다. 아기는 힘이 나는지 다리를 힘차게 찹니다. 또 아기가 웁니다. 엄마는 아기를 들쳐 업고는 병원으로 뛰어 갑니다.

참 신기합니다. 아기는 그저 응애응애 하고 울 뿐인데 엄마는 아기가 왜 우는지 어떻게 아는 걸까요?

한 친구가 매일 인상을 써서 저를 많이 싫어하는 줄 알았습니다. 나중에 알고 보니 친구는 눈이 나빠 잘 보려고 인상을 쓴 것입니다.

아버지가 큰 소리로 나를 부릅니다. 잘 듣지 못해서 미처 대답을 하지 못할 때는 크게 화를 내십니다. 그럴 때 나는 정말 마음이 슬퍼집니다. 엄마는 아빠가 화난 것이 아니라 성격이 급한 것이라고 얘기합니다.

숙제를 하다가 종이에 손을 베였습니다. 생각보다 아프기는 했지만 대수롭지 않게 여기고 곧 잊어버렸습니다. 그런데 누나가 와서 내 손을 잡아당겼습니다. 나는 너무 아파서 소리를 질렀습니다. 누나는 왜 화를 내냐고 합니다. 나는 아파서 그랬는데 말입니다.

우리는 가끔 스스로 판단하고 혼자 생각할 때가 있습니다. 나중에 사실을 알고 나면 그렇지 않다는 것을 종종 경험하는 데도 말입니다. 하나보다는 여러 가지를, 나보다는 다른 사람의 입장을 생각해 보면 이런 일들이 줄어들지 않을까요?

생각꾸러미 열어보기
- 우리는 다른 사람의 생각을 어떻게 아나요?
- 나만 생각할 때와 다른 사람의 입장에서 생각할 때의 차이는 뭘까요?

다른 사람들처럼 생각하는 사람도 있지만,
다른 사람들과 다르게 생각하는 사람도 있습니다.
다르게 생각한다는 것은 무엇을 말하나요?
이전과 다른 생각이 변화와 발전을 이룬다면
우리가 알고 있는 그것이
꼭 그것이어야 할 이유가 있을까요?

꼭 이것이어야만 하나요?
인식의 전환

생각과 물음 어떻게 물어야 할까요?

개별성과 보편성 콩쥐와 신데렐라는 꼭 닮았어요

이데올로기와 미 까만 공주도 예뻐요

입장과 생각 나는 진짜 나쁜 아이일까요?

생각과 물음

어떻게 물어야 할까요?

세상에는 아주 당연하게 여겨지는 것들이 있습니다.

그런데 알고 보면 잘못된 것들도 많이 있지요.

혹 그런 것들 중에 고쳐야 할 것이 있다면 무엇이 있을까요?

꽃은 봄에만 필까요?

꼭 잎이 난 후에 꽃이 필까요?

친구가 수선화와 벚꽃 중에 어느 꽃이 더 예쁘냐고 묻는다면 우리는 어떻게 대답해야 하나요? 혹시 이 질문은 수선화와 벚꽃 중에 어떤 꽃을 더 좋아하냐고 바꾸어 물어야 하는 것은 아닐까요?

왜 이것을 바꾸어 물어야 할까요? 너무도 당연시 하는 것들 중에서 이처럼 잘못 묻고 있는 것은 없나요? 자주 이야기하는 것 중에 혹시 그런 것은 없나요? 비교할 수 없는 것을 비교하거나 나눌 수 없는 것을 나누고 있지는 않은지요?

가끔 엄마가 옆집의 친구와 나를 비교할 때가 있습니다. 그럴 때면 정말 화가 많이 나고 엄마가 밉기까지 합니다. 그 이유는 왜인가요?

세상에는 귀하지 않은 것이 없는데 어떤 것은 매우 하찮은 것처럼 이야기하지 않나요?

우리는 우리 앞에 놓여 있는 많은 것들에 대해 잘 생각해서 말해야 합니다. 그러기 위해서는 먼저 잘 물어야 할 것입니다.

생각꾸러미 열어보기
- 비교해서는 안 되는 것에는 어떤 것들이 있나요?
- 반대로 비교해야 할 것들은 없나요?

개별성과 보편성

콩쥐와 신데렐라는 꼭 닮았어요

각각의 사람은 전혀 다른 사람이지만 때로는 같기도 합니다.
사람은 어떤 때는 놀라울 정도로 비슷한 생각을 하기도 하고,
어떤 때는 정말 다양한 생각을 하기도 합니다.

우연히 텔레비전에서 말레이시아 동화에 대한 이야기를 듣다가 깜짝 놀랐습니다. 왜냐하면 그 이야기가 콩쥐팥쥐 이야기와 거의 비슷했기 때문입니다. 착하고 예쁜 딸이 새엄마에게 구박을 받지만, 이를 불쌍하게 여기는 동물들의 도움을 받아 어려움을 이겨내고, 나중에는 왕자의 아내가 된다는 이야기입니다. 시기하는 못생긴 새언니와 갑자기 사라진 예쁘고 착한 딸을 찾아 나선 왕자님, 그리고 신발 이야기까지 쌍둥이라고 할 정도 비슷했습니다.

그런데 사실 이런 이야기는 우리나라의 콩쥐팥쥐만이 아니라 서양의 신데렐라도 비슷합니다. 왜 이런 이야기들이 세계 어디에나 있을까요? 한 가지 이야기가 이곳저곳으로 전해진 것일까요, 아니면 사람들이 비슷한 생각을 하기 때문일까요? 착하고 열심히 사는 사람을 예쁘게 여기고, 이런 사람들이 잘되기를 바라는 마음이 누구에게나 있는 것일까요? 정말 사는 곳이 다르고, 시대가 다르고, 피부색이 다르고, 하는 일이 달라도, 그리고 나이와 성별이 다르다 해도 사람들의 생각은 비슷한 걸까요?

세계의 콩쥐팥쥐 전 세계에서 콩쥐팥쥐와 비슷한 이야기의 주인공은 345명이나 돼요. 프랑스, 독일 같은 유럽뿐 아니라 중국, 아프리카, 아메리카 원주민 등 세계 각지에 다양한 콩쥐들이 있어요.

생각꾸러미 열어보기
- 우리들은 무엇이 같고 무엇이 다른가요?
- 나라, 인종, 문화, 혈통이 다른 사람들과도 같은 점이 있을까요?

이데올로기와 미

까만 공주도 예뻐요

엄마가 들려주는 동화 속의 공주는 모두 예쁩니다.

예쁘기에 공주가 된 것인지, 공주이기에 예쁘다고 하는 것인지 잘 모르겠습니다.

그런데 공주들의 공통점이 있다면 하나 같이 피부가 하얗다는 것입니다.

아마도 공주라서 밖에 나가지 않고 힘든 일을 하지 않기 때문에 그런 것이 아닐까요?

우리 엄마도 화장을 할 때 보면 얼굴을 하얗게 보이려고 애쓰시는 것 같습니다. 얼굴을 하얗게 보이려고 엄마는 선크림도 바르고, 모자도 쓰고 양산도 씁니다. 하지만 엄마는 공주처럼 피부가 하얗지는 않습니다. 그래도 난 엄마가 좋습니다.

뉴스에서 미국 대통령의 부인을 보았습니다. 그런데 피부가 까맸습니다. 그래도 참 멋있어 보였습니다. 그러고 보니 검은 고양이 네로도 귀엽습니다. 붉은 달도 멋있습니다. 푸른 바다도 힘차 보입니다.

왜 우리는 하얀 피부의 공주만 예쁘다고 생각할까요?

우리는 무엇을 보고 예쁘다, 멋있다 하는 걸까요? 원래 예쁜 것일까요? 힘 있고 강해서 예뻐 보이는 것일까요? 우리에게 익숙한 것이 예뻐 보이는 것일까요? 색다른 것이 예쁜 것일까요? 이전에는 예뻐 보이던 것이 시간이 지나면 예뻐 보이지 않는 경우도 있습니다. 그 이유는 왜일까요? 나라마다, 시대마다 예쁘다는 것이 조금씩 다른 까닭은 무엇인가요?

어느 때나 어디서나 사람들은 예뻐지고 멋있어지기 위해 애를 씁니다. 예쁘게 하는 방법도 다 다르고, 예뻐하는 것도 다릅니다. 우리는 무엇이 예쁜 것 같나요? 예쁘고 멋있어 보이기 위해서 무엇을 하나요? 그러면 정말 그렇게 예뻐 보이나요? 사람은 어느 때에 예뻐 보이고 멋있어 보이나요? 자기 일에 열심인 사람인가요, 몸이 건강한 사람인가요, 아니면 이런저런 것으로 치장한 사람인가요? 예쁘게 차려 입은 배우가 멋있나요? 그 배우에게 액션을 외치는 감독이 멋지던가요?

이데올로기 이데올로기란 인간, 자연, 사회에 대해 품는 이념적인 생각이나 사상을 말해요.

생각꾸러미 열어보기
- 할머니의 주름을 아름답게 느낀 적은 없나요?
- 엄마의 거친 손등이 부드러운 동생의 손보다 더 귀하게 생각된 적은요?
- 남을 위해 봉사하는 사람의 삶이 존경스럽게 느껴지는 것은 왜인가요?

입장과 생각

나는 진짜 나쁜 아이일까요?

우리는 서로 오해하고 미워하고 다투기도 하지요.

우리가 나쁜 아이라서 그런가요?

아니면 몰라서일까요?

토요일 오후, 나는 할머니와 텔레비전 때문에 싸웠습니다. 할머니 말씀대로 소리를 키웠는데 할머니께서 "저 버릇없는 놈, 말도 참 안 듣네" 하시는 것입니다. 난 화가 나서 방을 나왔습니다. 할머니 말씀대로 했는데도 마치 말을 안 들은 것처럼 역정을 내시니 기분이 안 좋았습니다. 나도 속상해서 방을 나온 것인데 그것이 버릇없는 것일까요? 나는 착한 손자는 아니어도 나쁜 손자가 되고 싶지는 않습니다. 내 딴에는 잘하려고 하는데 자꾸 화를 내시니 그나마 하고 싶은 마음도 없어집니다. 할머니는 왜 그렇게 생각하시는 걸까요?

친구와 사이좋게 지내고 싶은데 친구가 사실이 아닌 것을 우기면 화가 납니다. 어떤 때는 별것도 아닌데 일이 아주 커질 때도 있고, 의도했던 것과 달리 엉뚱한 결과를 가져올 때도 있습니다. 그 때문에 선생님에게 야단을 맞을 때는 정말 억울하다는 생각이 듭니다. 그런 날은 집에 와서 괜히 엄마에게 짜증을 내기도 하지요. 그런데 엄마는 어떻게 아셨는지 웃으시며 친구도 너와 같은 생각을 하고 있을 거라고 말씀하십니다. 정말 엄마의 말씀처럼 친구도 그렇게 생각할까요?

왜 우리는 혼자서 생각하고, 화내고, 서운해 하고, 속상해할까요? 우리는 서로 보는 것도 생각하는 것도 다르다는 것을 몰라서일까요, 아니면 우리가 나빠서일까요? 자란다는 것은 키만 크는 것이 아니라 생각도 크는 것인가 봅니다. 새해에는 저도 엄마처럼 다른 사람의 입장을 생각하는 사람이 되고 싶습니다. 오늘은 할머니가 아무리 화를 내셔도 웃으며 안아드려야겠습니다.

생각꾸러미 열어보기
- 할머니 목소리는 왜 클까요?
- 왜 우리는 서로 싸우고 다투는 것일까요?
- 어른이 된다는 것은 어떻게 되는 것인가요?

생각이란 끝이 없습니다.
그러기에 우리는 생각을 넓혀 나가고
깊이 뿌리 내릴 수 있습니다.
우리는 생각하는 만큼 크고
큰 만큼 살아갑니다.

나의 생각은 넓고 깊은가요?
생각의 성장

진리의 물음과 인식 코끼리를 품에 안을 수 있을까요?

삶의 다양한 방법과 길 빠른 게 정말 좋은 건가요?

생각과 차이 무엇을 보고 무엇을 생각하나요?

거시와 미시 사이 작은 꽃을 보려면 고개를 숙여야 해요

진리의 물음과 인식

코끼리를 품에 안을 수 있을까요?

동물 중에 가장 큰 동물 하면 어떤 동물이 떠오르나요?

아마 대부분은 코끼리를 떠올릴 것입니다.

아기 코끼리도 아빠보다 큰 것 같습니다.

그래서인지 코끼리 옆에 사람이 서 있는 사진을 보면 사람이 참 작아 보입니다.

그런데 이런 코끼리를 사람이 안을 수 있을까요?

자신보다 큰 것을 작은 사람이 과연 안을 수 있을까요?

이것은 단지 코끼리와 사람만의 관계는 아닐 것입니다. 내가 가끔 누나 몰래 누나 옷을 입듯이 큰 것에 작은 것을 담을 수는 있지만, 작은 그릇에 그릇보다 큰 물건을 담을 수는 없습니다. 내 장갑에 아빠 손이 들어가지 않듯이 내 작은 신발은 누나가 신을 수 없습니다.

자신보다 큰 것을 담지도 가지지도 못하면서 우리는 때때로 담았다고 생각하고 가졌다고 착각하지는 않나요? 코끼리의 다리를 만지면서 마치 그것이 코끼리의 전부라고 생각하고 있지 않나요? 극히 작은 일부분만 알고 전체를 안다고 여기지 않나요?

코끼리의 귀도 다리도 코끼리인 것은 사실이지만 엄밀히 말해서 코끼리는 아닙니다. 우리가 코끼리 전체를 안을 수 없듯이 우리가 코끼리에 대해 아는 것은 전부가 아니라 극히 일부분입니다. 그래서 우리는 코끼리에 대해 다양한 이야기를 합니다. 그래서 우리는 다른 사람의 이야기에 귀를 기울여야 합니다. 자신이 아는 것이 전부가 아니라는 것을 아는 사람은 겸손하게 되고 다른 사람의 말을 존중하게 됩니다.

내 생각과 다른 생각들을 존중하고 겸손한 태도로 다른 사람들의 이야기에 귀 기울일 때 우리는 전보다 더 많은 것을 알 수 있습니다. 다른 사람의 이야기에 귀를 기울일 줄 아는 사람이 발전하는 것 아닐까요?

군맹평상(群盲評象) 장님들에게 코끼리를 설명하게 했더니 서로 자신이 주장하는 코끼리의 모습이 옳다고 우겼다는 사자성어예요. 사람들은 저마다 자기가 아는 것만 고집한다는 뜻이에요.

생각꾸러미 열어보기
- 크다는 것은 무엇을 이야기하는 것일까요?
- 우리는 나보다 큰 세상에 대해, 신에 대해, 미래에 대해 얼마나 알 수 있을까요?
- 내 생각만 고집하면 우리는 무엇을 잃게 되나요?

삶의 다양한
방법과 길

빠른 게 정말 좋은 건가요?

우리는 다양한 길을 갑니다.
어떤 때는 빨리 가는 길을 택하기도 하고,
어떤 때는 그렇지 않을 때도 있습니다.
빨리 갈 때와 천천히 갈 때의 차이는 무엇인가요?
어떤 때에 빨리 가야 되고, 어떤 때에 천천히 가야 될까요?
빨리 가서 좋은 점과 천천히 가서 좋은 점은 무엇인가요?

　며칠 전 나는 부산에 사는 친척 어른이 돌아가셔서 아빠와 함께 부산에 다녀왔습니다. 하지만 왠지 부산에 갔다 온 것 같지가 않았습니다. 왜냐하면 아빠의 회사 일이 끝나는 저녁시간에 KTX를 타고 갔다가 다음 날 새벽에 똑같은 방법으로 되돌아왔기 때문입니다. 기차를 타고 갈 때도 어두워진 창밖으로 본 것이라고는 유리창에 비친 기차 안의 사람들 모습뿐이었지요. 새벽에 돌아올 때도 마찬가지였습니다. 기차 안에 켜진 TV를 보거나 피곤해서 커튼을 치고 잠을 청할 뿐이었습니다.

나는 내가 사는 곳을 벗어나 멀리 간 적이 별로 없습니다. 그 때문에 부산이라는 낯선 곳에 대한 기대가 있었습니다. 바다도 보고, 배도 보고, 회도 먹고, 이곳에서 보지 못하고 하지 못한 것들을 체험할 수 있을 것이라는 막연한 기대감에 조금 설렜답니다. 그래서 엄마가 반대를 했는데도 불구하고 우겨서 다녀왔는데 새롭게 얻은 것이 없었습니다.

물론 여유가 없었기 때문이기도 합니다. 하지만 그 이유만 있는 것은 아닙니다. 사람들의 삶이 점점 바빠지고 더 빠른 것을 찾으면서 먼 거리의 여행이 가능해졌지만 잃어버리는 것도 많은것 같습니다.

지난번, 동네 가까운 능에 식구들과 놀러 갔을 때는 천천히 길을 걸으며 들에 핀 꽃과 새싹들도 보고, 식구들과 이런저런 얘기도 나눴습니다. 안내문을 읽기도 하고 설명도 들으면서 몰랐던 것도 새롭게 알았는데 이번에는 그러지 못해 아쉬웠습니다.

그런데 기차만 빨리 가는 것이 아닌 것 같습니다. 인스턴트식품도 그렇고 컴퓨터는 물론 휴대전화, 자동차, 배달 등 우리는 점점 더 빠른 것을 찾습니다. 공부하는 것도 그렇습니다. 사람들은 남들보다 더 앞서가기 위해서 아이들에게 조기교육을 시킵니다. 우리가 무엇이 되고, 무엇을 할지 잘 모르면서 말입니다.

빨리가면 행복할 수 있을까요? 빨리 가면 모든 것이 다 해결될까요?

생각꾸러미 열어보기
- 큰길에서 볼 수 있는 것과 골목길에서 볼 수 있는 것은 무엇인가요?
- 우리는 왜 빨리 가려 할까요?

생각과 차이

무엇을 보고 무엇을 생각하나요?

사람은 보이는 대로 생각하고,
생각하는 대로 살아갑니다.
나는 지금 무엇을 보고 있나요?
그래서 어떻게 살아가고 있나요?

아주 오래전 사람들은 지금과 달리 사람과 사람의 관계를 위아래로 나누는 신분사회를 만들어 살았습니다. 그 까닭은 무엇일까요? 훗날 신분사회가 옳지 않다며 모든 사람의 평등을 주장하는 사람들이 생겨납니다. 그들은 어떻게 해서 평등이라는 생각을 하게 되었을까요?

높은 산과 깊은 골짜기를 돌아다니며 사는 사람은 어떤 생각을 하고, 끝도 없는 수평선을 바라보며 사는 사람은 어떤 생각을 할까요? 그들의 생각에는 어떤 차이가 있을까요?

사람은 생각에 따라 달리 보기도 하지만, 보는 것에 따라 달리 생각하기도 합니다. 생각이 다르기 때문에 사는 방법도 다릅니다. 그런 의미에서 사람은 보는 대로 생각하고, 생각하는 대로 살아간다고 할 수 있습니다. 그 때문에 무엇을 어떻게 보는가 하는 것은 참 중요한 문제입니다.

우리는 지금 무엇을 보고 있나요? 그것을 보며 무엇을 생각하나요?

사람은 단순히 생각만 하는 것이 아니라 자신이 생각하는 것을 현실 안에서 이루기 위해 동분서주합니다. 그리고 그것이 가장 바람직하고 아름다운 삶이기를 바랍니다. 우리는 무엇을 보고 어떻게 생각했기에 지금의 내가 되었나요? 혹시 다른 것을 볼 수 있었다면 지금과 다른 모습을 가질 수 있을까요?

> **맹모삼천(孟母三遷)** 맹자의 엄마는 아들의 교육을 위해 세 번 이사를 갔어요. 이는 사람에게 환경이 중요하다는 것을 뜻해요.

생각꾸러미 열어보기
- 아기를 가진 엄마들은 왜 아름다운 것들만 보려 할까요?
- 맹자의 어머니는 왜 세 번이나 이사를 했을까요?
- 우리는 왜 가끔 도시를 떠나 자연을 찾을까요?

거시와 미시 사이

작은 꽃을 보려면 고개를 숙여야 해요

나보다 작은 아이와 이야기를 나누려면

나는 키를 낮추어야 해요.

나보다 여린 친구와 이야기를 하려면

나도 마음의 바람을 빼야 해요.

지금 당장은 손해 보는 것 같지만

자신을 행복하게 하고 기쁘게 하고

자신을 살리는 일이라는 것을 알게 되지요.

올려다보는 것과 고개를 숙이는 것 중에 어느 것이 더 존경을 나타내는 것일까요?

추운 겨울도 곧 가고 봄이 올 것입니다. 길가의 목련 꽃도 꽃봉오리를 터트리겠지요. 오랫동안 땅속에서 추위를 견뎠던 냉이도 곧 목을 길게 빼고 하얀 작은 송이에 웃음을 담아 봄소식을 보낼 것입니다. 어디서나 눈에 띄는 목련은 누구나 쉽게 볼 수 있지만, 조그만 냉이와 인사하려면 무릎을 꿇고 고개를 숙여야 해요. 그래야 그 앙증맞은 모습을 볼 수 있으니까요.

나보다 작은 아이와 이야기를 나누려면 키를 낮추어야 해요. 나보다 여린 친구와 이야기를 하려면 나도 마음의 바람을 빼야 하지요. 키가 큰 사람은 키를 낮출 수 있지만, 키가 작은 사람은 키를 늘릴 수 없기 때문입니다. 형이 동생을 이해하고 헤아리듯이 가진 사람이 없는 사람을 돌봐야 하는 것이지요.

나중에는 몸을 숙이는 것이 키 작은 냉이를 위해서가 아니라 나의 마음에 봄을 부르는 것이라는 것을 알게 되고, 결국은 다른 사람을 위해서 하는 일이 모두 자신을 위해서 하는 일이라는 것을 깨닫게 됩니다. 지금 당장은 손해 보는 것 같지만, 사람들은 그것이 자신을 행복하게 하고 기쁘게 하고 자신을 살리는 일이라는 것을 알게 되지요.

나는 나보다 큰 사람에게는 존경을 보내면서 나보다 작은 사람은 무시할 때가 없었나요? 나도 나보다 큰 사람에게 무시를 당한 적은 없나요?

거시와 미시 거시는 어떤 사물을 크게, 전체적으로 보는 것이고, 미시는 작게, 자세하게 보는 것을 뜻해요. 이 두 관점은 문학, 경제, 예술에서 다양하게 활용되고 있어요.

생각꾸러미 열어보기
- 사람간의 관계에서 부메랑이 의미하는 것은 무엇인가요?
- 내가 원하는 대로 남에게 해야 하는 이유는 무엇일까요?
- 겸손이란 어떤 의미인가요?

무엇이 옳고 그른지, 무엇이 진실이고 아닌지,
무엇이 목적이고 수단인지 앞과 뒤가 바뀐 적은 없나요?
그런데 앞과 뒤가, 목적과 수단이, 진리와 방법이 뒤바뀌었다는 것을
우리가 어떻게 알지요?
실재와 이미지가 뒤바뀐 것들은 없나요?
무엇이 실재이고 무엇이 이미지이지요?
부모와 자식 간에, 친구와 친구 사이에, 그리고 정부와 국민 사이에
관심과 애정과 소통이 없다면 우리가 어떻게 행복해질 수 있나요?
사람은 왜 혼자가 아니라 사람들 속에서 살아야 하는 것일까요?

생각이 삶을 변화시키나요?
생각과 삶의 관계

정체성과 얼굴 나의 얼굴은 어떤 모습인가요?

실재와 이미지 삶에서 앞뒤가 뒤바뀌지 않았나요?

얼굴과 얼굴 얼굴을 보면 알 수 있어요

정의의 윤리와 배려와 사랑의 윤리 왜 고통 받는 사람들이 생겨날까요?

환경과 소비 자연이 아파요

정체성과 얼굴

나의 얼굴은 어떤 모습인가요?

우리에게 얼굴이란 무엇을 뜻하나요?

사람들은 얼굴을 보며 무슨 생각을 하나요?

사람들은 얼굴로 이야기를 한다고 합니다.

사람들이 얼굴로 하는 이야기를 들어본 적이 있나요?

얼굴은 무엇을 말하는 것일까요? 사람들은 '얼이 있다', '얼이 빠졌다'라는 이야기를 합니다. 그런데 얼이란 무슨 뜻인가요? 얼이 있는 굴이 얼굴이라면 해골은 얼이 없기 때문일까요?

사람은 얼굴을 가지고 산다고 합니다. 그런데 얼굴이 없는 사람도 있을까요? 다른 무엇에 의해서가 아니라 스스로 생각하고 판단하고 행동하는 사람, 다시 말해 자신의 눈으로 보고 판단하고, 자신의 귀로 듣고 생각하고, 자신의 입으로 소신 있게 말하는 사람, 우리는 이런 사람을 자유와 책임을 다하는 온전한 사람이라 합니다. 자신의 삶에 주인이 되어 사는 사람을 주체라고 부르기도 하지요. 주체는 그런 의미에서 얼을 가진 사람 즉, 자신의 얼굴을 한 사람을 말합니다.

우리는 자신의 얼굴을 하고 있나요, 아니면 다른 사람의 얼굴을 따라 하고 있나요? 혹시 다른 사람의 얼도 아닌 생김새를 따라 하고, 흉내 내고, 좋아하면서 나의 얼굴을 잊어버리지는 않나요?

지금 나의 얼굴은 어떠한가요? 얼굴은 저절로 생기는 것이 아니라 스스로 만들어가야 하는 것이라면 나는 나의 얼굴을 위해 무엇을 어떻게 해야 할까요?

정체성 자라면서 경험과 지식을 통해 얻는, 다른 사람과 구별되는 자아를 뜻해요. 다른 사람들과 함께 자신이 독립된 개인으로 존재한다는 자각에서부터 정체성을 찾게 돼요.

생각꾸러미 열어보기
- 나는 나의 얼굴이 있나요?
- 나의 얼굴과 나는 어떤 관계일까요?
- 자신의 얼굴에 책임을 져야 한다는 말은 무슨 뜻인가요?

실재와 이미지

삶에서 앞뒤가 뒤바뀌지 않았나요?

우리들은 이미지를 만들기 위해 본래 모습을 버리고 있지 않나요?

우리는 잘살기 위해 잘못 살고 있지는 않나요?

행복하기 위해 불행해지고 있지는 않나요?

건강하기 위해 병들어 가고 있지는 않나요?

기쁘기 위해 슬퍼하고 있지는 않나요?

마그리트라는 화가가 그린 〈백지 위임장〉이라는 그림을 본 적이 있나요? 그 그림을 보면 사람이 말을 타고 숲을 지나가고 있는 것인지 아니면 그 반대인지 알기가 쉽지 않습니다.

그림처럼 우리들의 삶에서 무엇이 무엇을 하는지 알 수 없는 것들은 없나요? 무엇이 옳고 그른지, 무엇이 진실이고 아닌지, 무엇이 목적이고 수단인지, 앞과 뒤가 바뀐 적은 없나요? 그런데 우리는 앞과 뒤가, 목적과 수단이, 진리와 방법이 뒤바뀌었다는 것을 어떻게 알지요? 주어와 서술어를 바꾸어 말한 적은 없나요?

주어와 서술어가 바뀌어도 같은 의미를 가지나요? 주어와 서술어가 바뀌면 어떻게 되지요? 주어와 서술어가 바뀌면 우리의 삶은 어떻게 달라지나요?

나의 입장에서만 생각해서 문제가 되었던 적은 없나요? 사람 위주로 생각한다면 생태계는 어떤 일이 벌어질까요? 우리 사회에서 일어나는 이런 일들에는 어떤 것들이 있을까요?

실재와 이미지가 뒤바뀐 것들은 없나요? 무엇이 실재이고 무엇이 이미지이지요?

생각꾸러미 열어보기

- 우리는 무엇을 위해 무엇을 하고 있나요?
- 인터넷을 할 때 내 모습과 실제 내 모습이 같은가요?
- 가상과 실재는 어떻게 다른가요?
- 우리는 이를 바꾸어서 살고 있지 않나요?

얼굴과 얼굴

얼굴을 보면 알 수 있어요

사람은 자신의 얼굴에 책임을 져야 한다고 합니다.

그렇다면 얼굴이란 뭘까요?

얼굴은 생긴 모습을 말하나요?

어깨 위의 신체 일부분을 이야기하는 것일까요,

아니면 다른 의미가 있는 것일까요?

지하철에서 사람들은 눈을 감고 자거나 아니면 귀에 이어폰을 꽂고 음악을 듣거나 스마트폰으로 무엇인가를 보고 있습니다. 앞이 안 보이는 사람이 찬송가를 부르며 바구니를 들고 지나가도, 몸이 불편한 할머니가 앞에 서 있어도 기계에 열중하는 사람들은 이를 알지 못합니다. 언제부터인가 우리는 서로 얼굴을 쳐다보지 않습니다.

사람들에게 얼굴이란 어떤 의미일까요? 단순히 생긴 모습이나 신체 일부분을 가리킬까요? 어떤 사람은 얼굴이 잘생겼다 못생겼다 말하고, 또 어떤 사람은 자신의 얼굴에 책임을 져야 한다고 말합니다. 이 말이 의미하는 바는 무엇인가요?

우리는 엄마에게 무엇을 사달라고 할 때나 잘못을 저질러서 야단을 맞을 때 엄마의 얼굴을 살핍니다. 엄마의 얼굴을 보면 엄마의 기분을 알 수 있기 때문이지요. 이처럼 얼굴은 사람의 마음, 기분, 의도 등을 보여주는 창입니다. 그래서 다른 사람의 얼굴을 가만히 들여다보면 그 사람이 아픈지, 무엇을 원하는지 알 수 있습니다. 아마도 얼굴로 말한다는 이야기가 이런 뜻이 아닌가 싶습니다.

얼굴을 서로 쳐다보지 않는다면 다른 사람이 하는 이야기를 알 수 있을까요? 혹시 다른 사람의 이야기가 나를 기쁘게 하기보다는 귀찮게 한다고 여기지 않나요? 다른 사람도 똑같이 군다면 우리는 어떻게 되나요?

생각꾸러미 열어보기
- 내가 나를 알려면 어떻게 해야 할까요?
- 마음이 많이 아픈데도 나 자신을 외면해서 더 많이 아프게 된 적은 없나요?

정의의 윤리와
배려와 사랑의 윤리

왜 고통 받는 사람들이 생겨날까요?

우리를 힘들게 하는 것들에는 가뭄이나 홍수와 같은 자연재해도 있습니다.

그러나 그것보다 사람들이 더 힘들어하는 것은 무엇일까요?

왜 이 지구상에는 싸움이 끊임없을까요?

왜 사람들은 서로 사랑하기보다 미워하는 경우가 많나요?

텔레비전에서 우연히 고통 받는 친구들에 대한 다큐멘터리를 보았습니다. 먹을 것이 없어서 진흙 쿠키를 먹는 아이티의 아이들, 전쟁으로 내몰리는 소년병들, 광산에서 유황을 캐는 어린 노동자들, 경제활동으로 교육의 기회를 빼앗긴 아이들. 세계 곳곳에서 우리 또래의 많은 친구들이 고통을 겪고 있었습니다. 왜 친구들이 이런 어려움을 겪어야 할까요? 그 이유를 알고 있나요?

우리를 힘들게 하는 것에는 가뭄이나 홍수같은 자연재해도 있습니다. 자연재해보다 사람들이 더 힘들어하는 것은 무엇일까요? 왜 이 지구상에는 싸움이 끊임없이 일어나는 걸까요? 왜 사람들은 서로 사랑하기보다 미워하는 경우가 많을까요? 먹을 것이 없어 굶어 죽는 사람들은 어째서 생겨나는 것일까요? 잘사는 사람들은 왜 더 잘살려고 하고, 못사는 사람들은 왜 더 못사는 것일까요? 왜 어른은 적은 임금을 주기 위해 아이들을 착취하고, 잘사는 나라들은 더 잘살기 위해 못사는 나라의 자원을 강탈하고, 힘 있는 사람들은 힘없는 사람들을 부리기 위해 더 힘을 키우는 걸까요? 국가, 사회, 정부, 제도, 법은 누구를 위한 것인가요?

정의란 무엇인가요? 왜 우리는 정의를 이야기하며 정의롭지 못한 행동을 하는 것일까요? 정의 외에 다른 대안은 없는 것일까요?

아이티 북아메리카 카리브해에 있는 나라로 국민 대부분이 가난해요. 2010년에는 지진 때문에 나라가 초토화돼 많은 사람이 죽고 살 곳을 잃었어요.

생각꾸러미 열어보기
- 우리와 정의의 관계는 어떻게 될까요?
- 우리가 쓰고 먹고 소비하는 모든 것들은 어떻게 만들어지는 것일까요?

환경과 소비

자연이 아파요

우리들의 행동 중에
자연을 아프게 하고 슬프게 하는 일은 없나요?
지구를 사랑하는 것은
사람을 사랑하는 것과 다른 것일까요?
자연이 힘들어하는 소리를 들어본 적이 있나요?
자연은 어떻게 우리들에게 이야기를 하나요?
우리들은 아픈 자연의 소리를 잘 듣고 있나요?
왜 우리는 자연의 소리를 잘 듣지 못하나요?

가만히 생각해보면 오늘의 내가 있기까지 다른 많은 사람들의 손길이 있었습니다. 할머니 할아버지는 물론 우리 부모님, 선생님과 친구들, 그리고 어렸을 때 나를 치료해주신 의사선생님과 먹을거리를 주는 분들, 전기를 만드는 사람, 내가 입을 옷을 만드는 사람 등 헤아릴 수 없이 많은 사람들의 수고가 나와 함께하는 것 같습니다. 그분들이 있기에 제가 살고 있는 것입니다.

그럼에도 불구하고 우리는 이러한 사실을 자주 잊고 삽니다. 그래서 수고한 분들에 대한 고마움보다는 자신의 능력 덕분에 누리는 것이라 여기며, 물건도 필요 이상으로 소비하고 우리의 귀중한 자원을 파괴하고 있지 않나 하는 생각이 듭니다. 물건을 많이 쓰는 것을 자랑으로 여기는 사람도 있습니다.

그것이 과연 자랑일까요? 물건을 필요 이상으로 많이 쓰는 것을 부끄러운 일로 여겨야 하는 이유는 무엇일까요?

이 세상에 무엇이 만들어지기까지는 긴 시간이 필요합니다. 긴 기다림 끝에 얻은 것들을 너무 쉽게 소비하는 것은 자연을 힘들게 하는 일입니다. 자연이 힘들어지면 사람들의 삶도 힘들어집니다.

자연의 소리를 잘 들을 수 있으려면 어떻게 해야 할까요? 만약에 자연의 소리를 잘 듣지 못하게 되면 사람들은 어떻게 될까요? 지구의 온도는 왜 자꾸 올라가지요? 온도가 올라가면 어떤 일들이 생기나요?

기후 온난화 산업화로 많아진 이산화탄소가 온실효과를 만들어 지구가 더워지는 온난화 현상이 일어나고 있어요. 이로 인해 북극의 빙하가 녹고 해수면이 상승해 섬나라들이 사라질 위기에 처했어요.

생각꾸러미 열어보기
- 사람들은 '더 크게, 더 빨리'를 외칩니다. 왜일까요?
- 자연을 사랑하는 일과 천천히 살아가는 삶은 어떤 관련이 있나요?
- 천천히 살면 사람들과의 경쟁에서 질까요?

우리에게 죽음은 무엇이고 영원은 또 무엇인가요?
우리는 어떤 삶은 살고 싶은가요? 나는 어떤가요?
나의 죽음에 대해 생각해 보았나요?
우리 주변에 많은 사람들은 어떻게 사나요?
세상은 같은 것이 반복하는 것인가요?
아니면 다른 것들이 만들어지고 바뀌어 나가는 것인가요?
꽃이 열매를 맺고 나무가 되는 것은 새로운 탄생인가요, 아니면 죽음인가요?

죽으면 어떻게 되나요?
삶과 죽음의 문제

사람과 삶 사람은 무엇으로 살고 죽나요?

삶과 죽음 죽음을 선택할 수 있나요?

죽음에 대한 이해 죽음은 끝인가요, 시작인가요?

물질과 영혼 영혼이 있을까요?

차이와 반복 새싹은 어디에서 나타나는 것일까요?

변화와 발전 우리는 어디로 가는 것일까요?

사람과 삶

사람은 무엇으로 살고 죽나요?

동물은 죽어서 가죽을 남기고,

사람은 죽어서 이름을 남긴다고 합니다.

그 말의 의미는 무엇일까요?

사람은 무엇에 의해 살고 죽는 것일까요?

육체인가요, 아니면 명예인가요?

권력인가요, 돈인가요?

아니면 다른 무엇인가요?

 이 그림은 지금은 아주 유명한 화가이지만 당시에는 너무도 힘들게 살았던 고흐라는 화가의 자화상입니다. 왜 그때는 사람들이 고흐를 몰라봤을까요? 지금은 왜 그를 좋아하는 사람이 많을까요? 그러고 보면 어떤 사람은 사는 동안에, 또 어떤 사람은 죽은 후에 인정을 받습니다.

빈센트 반 고흐 1853~1890
네덜란드의 후기 인상파 화가로 주로 강렬한 색채를 사용하여 그림을 그렸어요. 유명한 작품으로는 〈별이 빛나는 밤〉,〈해바라기〉,〈감자를 먹는 사람들〉이 있답니다.

동물은 죽어서 가죽을 남기고, 사람은 죽어서 이름을 남긴다고 합니다. 이 말의 의미는 무엇일까요? 사람은 무엇에 의해 살고 죽는 것일까요? 육체인가요, 명예인가요, 권력인가요, 돈인가요, 아니면 다른 무엇인가요?

사람은 육신이 죽었다고 죽은 것이 아닌가봅니다. 그렇다면 반대로 살아 있어도 산 사람이 아닐 수도 있겠지요. 죽음이란 도대체 무엇을 말하는 것인가요? 죽음은 모든 것의 끝인가요? 아니면 또 다른 세상으로 가는 것인가요?

어떤 사람은 고흐처럼 죽어서도 산 사람에게 영향을 미치고, 또 어떤 사람은 살아 있어도 죽은 것처럼 삽니다. 우리에게 죽음은 무엇이고 영원은 무엇인가요? 여러분은 어떤 삶을 살고 싶은가요?

생각꾸러미 열어보기
- 내가 생각하는 죽음은 어떤 것인가요?
- 삶과 죽음은 어떤 관계가 있을까요?

삶과 죽음

죽음을 선택할 수 있나요?

죽음에 대해 생각해 보았나요?

우리 주변에 많은 사람들은 어떤 삶을 살다 가나요?

국립묘지나 공동묘지의 묘비명에 쓰인 글귀들을 읽어본 적이 있나요?

그들은 무엇을 하다가 그곳에 묻힌 것일까요?

정말로 죽기를 원해서 죽은 사람이 있을까요?

남을 구하다가 죽는 사람, 나라를 지키기 위해 죽어간 사람은 어떤 사람인가요?

어떤 죽음이 아름다울까요?

어떻게 죽을 것인가에 대해 생각해 보았나요?

어떤 사람은 매장을 하고, 어떤 나라는 화장을 하고,

또 어떤 사람은 수목장이나 풍장을 하기도 합니다.

이들은 왜 그런 죽음을 택하는 것일까요?

사람이 마음대로 할 수 없는 것 중 하나가 죽음입니다. 자신이 원해서 태어나는 것이 아니듯이 죽음 또한 그런 것 같습니다. 다시 말해 사람은 아무리 노력해도 태어나고 죽는 것은 마음대로 할 수 없습니다. 그래서 하이데거라는 철학자는 우리들의 삶이란 탄생과 죽음 사이에서 살아가는 것이라고 했습니다. 우리들의 삶이란 마치 길을 가는 과정과 같다는 뜻이겠지요. 그렇기에 죽음이라는 종착역에 다다르기 전에 매 순간순간 시간을 아껴서 소중하게 살아가야 할 것입니다.

죽음은 모두에게 공평합니다. 부자도 가난한 사람도 건강한 사람도 허약한 사람도 결국에는 죽음을 맞이합니다. 죽음을 생각하면 그렇게 욕심 부릴 일도 없고, 남과 다투고 미워할 일도 없습니다. 그런데도 우리는 마치 영원히 살 것처럼 행동합니다. 만약 우리가 삶 속에서 죽음을 기억할 수 있다면 지금과 다르게 살 수 있을까요?

어떤 사람은 자신의 죽음을 스스로 결정하려고 합니다. 앞으로 희망이 없다고 생각할 때, 삶의 의미를 찾지 못할 때 사람들은 죽음을 결정합니다. 사람은 동물과 다르게 생각할 수 있기 때문입니다. 그렇기에 어떻게 생각하느냐가 매우 중요합니다. 생각에 따라 삶과 죽음도 바뀌기 때문이지요.

그렇다면 우리의 환경과, 미래도 그렇지 않을까요? 자신을 믿고 사랑하는 사람은 세상이 변화할 때까지 기다릴 줄 압니다. 그리고 세상을 변화시키기 위해 애쓰고 그것에 삶의 의미를 둡니다. 비겁하게 도망가거나 피하지 않고 세상에 맞서는 것이지요. 이런 사람은 죽음이 찾아오는 것도 두려워하지 않습니다. 죽음을 피하기 위해 억지를 쓰지 않고, 자신에게 주어진 시간을 정말 충실하게 씁니다.

마르틴 하이데거 1889~1976
독일의 실존주의를 대표하는 철학자예요. 실존주의란 관념적인 철학이 아니라 인간의 주체적인 존재성과 현재의 삶을 강조하는 사상이랍니다.

생각꾸러미 열어보기
- 존엄사란 어떤 죽음인가요?
- 안락사를 허용하는 나라는 어디이고, 그 이유는 무엇인가요?
- 여러분은 어떤 죽음을 맞고 싶은가요?

죽음에 대한 이해

죽음은 끝인가요, 시작인가요?

종교에서는 사람이 죽으면 사후세계로 간다고 합니다.

그곳에도 좋은 곳과 그렇지 않은 곳이 있을까요?

그렇다면 좋은 곳으로 가는 사람은 누구이고, 그렇지 않은 사람은 누구일까요?

이 세상에서 잘 살아야 좋은 곳으로 간다면, 어떻게 사는 것이 잘 사는 것일까요?

엄마를 따라 장례식장에 간 적이 있습니다. 작은 엄마의 엄마가 돌아가신 자리입니다. 엄마는 슬퍼하는 작은 엄마에게 "좋은 곳에 가셨으니 너무 슬퍼하지 마"라고 합니다.

그런데 참 이상합니다. 엄마는 그것을 어떻게 알았을까요? 정말 죽어서 가는 곳이 있을까요? 그곳에도 좋은 곳과 안 좋은 곳이 있을까요? 그렇다면 왜 누구는 좋은 곳으로 가고, 누구는 그렇지 않을까요? 이 세상에서 잘 살아야 좋은 곳으로 간다면, 어떻게 사는 것이 잘 사는 것일까요?

아마도 이 문제는 나만 궁금해 하는 것은 아닌가봅니다. 많은 사람들이 이 문제에 대해 이야기하지만, 실은 아는 사람이 아무도 없는 것 같습니다. 가끔 엄마가 죽었다가 살아난 할머니의 이야기를 해주시기는 합니다. 하지만 나는 할머니가 실제로 죽은 것이 아니라는 것을 잘 압니다. 실제로 죽었다면 다시 살아날 리가 없기 때문입니다. 그래서 산 사람은 죽음에 대해 알 수 없는 것 같습니다.

우리가 죽음에 대해 막연한 두려움을 가지는 것도 아마 이 때문일 것입니다. 도저히 알 수 없기 때문이지요. 그래서 사람들은 불로초를 찾기도 하고, 의학을 통해서 죽음을 피해보려고 애쓰고, 죽음 이후에 대해 설명하는 종교를 찾는 것이 아닐까요?

생각꾸러미 열어보기
- 죽음을 이해할 수 없으면서 죽음에 대해 이야기하는 이유는 무엇일까요?
- 우리를 구원해주는 것은 무엇일까요?
- 사후세계가 없다면 좋은 곳으로 가기 위해 잘살려고 노력하지 않아도 될까요?

물질과 영혼

영혼이 있을까요?

삶과 죽음은 밀접한 관계인 것 같습니다.
삶 끝에 죽음이 있고, 죽으면서 삶이 시작되는 경우도 있지요.
삶과 죽음이 밀접한 관계라면 우리가 죽었다는 것을 무엇으로 알 수 있을까요?
우리가 죽으면 우리에게서 무엇이 사라지는 걸까요?

도토리가 상수리나무가 되었습니다. 도토리는 죽은 것일까요, 살아 있는 것일까요?

삶과 죽음은 어떤 관계인가요? 죽음은 삶의 끝인가요? 아니면 다른 시작인가요? 무엇을 근거로 우리는 삶과 죽음을 이야기할까요?

만약에 우리가 영원하다면 무엇이 영원하다는 것인가요? 우리가 죽었다면 무엇이 있다가 없어지는 것인가요?

어떤 사람들은 사람에게는 영혼이 있다고 합니다. 신체는 죽어도 영혼은 죽는 것이 아니라 영원하다고 합니다. 영혼이란 무엇인가요? 영혼은 신체와 다른 것인가요? 혹시 물질이 변해서 영혼이 되는 것인가요? 아니면 물질과는 전혀 다른 어떤 것인가요? 영혼이란 무엇이라고 생각하나요? 영혼에 대해서 이야기한 사람들은 누가 있나요?

영혼 사람의 몸에 깃들어 마음의 작용을 한다고 여겨지는, 형체가 없는 실체를 영혼이라고 해요.

생각꾸러미 열어보기
- 영혼과 관계된 일들을 하는 사람은 누구인가요?
- 영혼을 믿지 않는 사람들은 누구인가요?
- 그들의 믿음의 근거는 무엇인가요?
- 나는 어떤가요?

차이와 반복

새싹은 어디에서 나타나는 것일까요?

새싹은 겨우내 숨어 있다가 나타난 것 같습니다.

대체 어디에 숨었다가 나타난 것일까요?

혹시 새것이 만들어진 것일까요?

차가운 겨울이 지나고 따사로운 봄이 왔습니다. 죽은 줄 알았던 나뭇가지에 새싹이 자라납니다. 황량했던 밭에도 파릇파릇 냉이 잎이 돋아나고, 쑥도 보입니다. 조금 있으면 민들레 꽃씨가 바람에 날리겠지요.

그런데 이것들은 어디서 나타난 것일까요? 보이지 않는 곳에 숨어 있다가 때가 되어 나타난 것일까요?

초록 물기를 머금은 새싹은 부끄러운가봅니다. 잔뜩 웅크리고 있느라 몸이 많이 구겨졌지만 그 빛만큼은 아주 곱습니다. 그러나 이 새싹도 시간이 지나면 줄기가 되고, 나무가 되고, 꽃을 피우고, 열매를 맺고, 다시 겨울을 맞으면 모든 것을 내려놓고 동면하겠지요. 그리고 봄이 오면 또다시 자신이 죽지 않고 살아 있다는 소식을 새싹을 통해 보내올 것입니다.

우리는 내일은 새로운 해가 뜰 것이라고 말하곤 합니다. 실은 어제와 같은 태양이 지구를 도는 것이 아닌가요? 우리는 왜 새로운 태양이 뜬다고 말할까요? 정말 새로운 것이 있을 수 있나요? 있다면 그것은 무엇일까요? 세상은 같은 것이 반복하는 것일까요, 아니면 늘 새로운 것들이 만들어지고 바뀌어가는 것일까요?

생각꾸러미 열어보기
- 반복되어지는 것들은 무엇이 있나요?
- 같은 것이지만 이전과 이후가 달라지는 것이 없나요?
- 반복되는 것은 무엇이고, 달라지는 것은 무엇인가요?

변화와 발전

우리는 어디로 가는 것일까요?

꽃이 열매를 맺고 나무가 되는 것은 발전인가요, 퇴보인가요?
우리는 무엇에 근거하여 발전과 퇴보를 이야기하나요?

정치인이 또 뇌물을 받았다는 뉴스가 나옵니다. 참 이상합니다. 이전에도 많은 정치인들이 똑같은 일로 체포되었는데 또 같은 일이 일어나니 알 수가 없습니다.

세상이 단순히 반복하기만 한다면 발전이란 있을 수 없겠지요. 그런데 분명 발전하고 있는 것도 있지 않나요? 나는 어제보다 자전거를 잘 탑니다. 그리고 컴퓨터의 자판도 예전보다 더 빨리 칠 수 있습니다. 새로 나온 TV는 이전에 보았던 TV와는 비교도 안 되게 좋습니다.

엄마와 이모가 나누는 이야기를 들은 적이 있습니다. 엄마가 가지고 있는 휴대전화는 이모 것보다 고장이 안 난다고 합니다. 엄마의 휴대전화는 이모의 복잡한 스마트폰보다 단순하게 만들어진 것이라 그렇다고 합니다. 그렇다면 꼭 복잡한 것이 좋은 것은 아닌 것 같습니다.

왜 사람들은 잘못을 반복하는 것일까요? 그렇다면 세상은 발전하고 있는 것일까요? 복잡한 것이 발전과는 상관이 없는 것일까요? 발전은 진화와 또 어떻게 다른가요?

우리는 반복하고 있나요, 변화하고 있나요, 아니면 진화하고 있나요? 반복하는 것이라면 무엇을 반복하고 있나요? 변화하는 것이라면 좋은 쪽인가요, 나쁜 쪽인가요? 진화하고 있다면 어디에서 어디로 진화하고 있나요? 혹시 그 반대의 경우는 없나요?

진화 일이나 사물 따위가 점점 발달해가는 것, 혹은 생물이 환경에 적응하여 점점 변해가는 현상을 말해요.

생각꾸러미 열어보기
- 발전하는 것과 퇴보하는 것에는 무엇이 있나요?
- 변화하는 것과 반복하는 것은 어떻게 다른가요?

미래사회는 어떤 사회가 될까요?
정착민과 유랑민이란 어떤 사람을 이야기하는 것일까요?
이들의 특징은 무엇이지요?
새로운 사회에서 인문학적 상상력과 창조력이 요구되는 까닭은 왜일까요?
이를 위해서 우리는 무엇을 해야 하나요?

새로운 세계는
어떤 세상일까요?
변화하는 미래사회

변화하는 삶 우리는 정착민인가요, 유랑민인가요?

미래사회의 가치 정보화 시대에 필요한 것은 무엇인가요?

가상과 실재 무엇이 진짜이고, 무엇이 가짜인가요?

기계화와 삶 기계는 우리에게 무슨 도움을 주나요?

변화하는 세계 우리는 세계의 시민입니다

변화하는 삶

우리는 정착민인가요, 유랑민인가요?

미래사회는 어떤 사람들이 살아갈까요?
그들과 우리는 어떤 차이가 있을까요?
정착민은 누구이고 유랑민은 누구를 말하는 것인가요?

우리는 이전과 달리 이곳저곳을 유랑하며 삽니다. 학교 때문에 그렇기도 하고, 아버지의 직장 때문에 그렇기도 합니다. 그래서 한곳에서 태어나 그곳에서만 살아가는 사람이 드뭅니다. 그뿐 아니라 우리는 컴퓨터로 이곳저곳을 서핑하기도 합니다.

TV를 보고 있으면 물건에 대한 광고가 참 많습니다. 그런데 그중에서도 휴대전화나 노트북 등 밖에서 들고 다니며 사용하는 제품에 대한 광고가 참 많습니다. 회사들은 저마다 다투어 자신들의 상품을 사라고 합니다.

왜 점점 이런 제품의 광고가 많은 것일까요? 회사들은 왜 이런 제품을 만들기 위해 애쓰는 것일까요? 우리는 또 왜 이런 것들을 갖기 원할까요? 이런 것들이 왜 인기 있는 것일까요? 사람들은 한곳에 있기보다 다니는 것을 더 좋아하는 걸까요?

스티브 잡스 1955 ~ 2011
애플의 창업자예요. 매킨토시 컴퓨터를 선보여 큰 성공을 거둔 뒤, 아이폰, 아이패드를 만들어 IT업계에 새로운 바람을 불러일으켰어요.

생각꾸러미 열어보기
- 애플과 삼성은 왜 다투나요?
- 스티브 잡스는 어떤 사람인가요?
- 우리는 어떤 사람에 가깝나요?

미래 사회의 가치

정보화 시대에 필요한 것은 무엇인가요?

사람에게 이름이 있듯이 장소에도 이름이 있고 시간에도 이름이 있습니다.

우리는 지금 이 시대를 가리켜 정보화 시대라고 합니다.

그 이유는 이전보다 정보가 훨씬 더 중요해졌기 때문이지요.

이러한 정보화 시대를 맞이하게 된 데에는 컴퓨터의 역할이 큽니다.

사람들은 컴퓨터를 사용할 수 있게 되면서 국경과 지역을 자유로이 넘나들며 다양한 문화를 누리게 되었습니다. 그래서 세계는 더 가까워지고 문화는 다양해졌습니다. 다양한 문화 속에서 살아가게 된 사람들의 삶도 바뀌었습니다. 사람들은 새로운 일을 찾기 위해, 혹은 더 좋은 일을 찾기 위해 한곳에 머무르는 것이 아니라 늘 이곳저곳을 다니며 삽니다. 그래서 이렇게 사는 현대인들을 두고 유랑민이라고 부릅니다. 유랑민은 한곳에 머물러 사는 정착민과는 다른 삶의 형태, 방법, 가치를 추구합니다.

한곳에 정착해서 사는 정착민들은 무엇이든지 많이 가지려 하지만, 이곳저곳을 다니며 살아야 하는 유랑민들은 많이 가지기보다 그때그때 활용할 수 있는 것이 무엇인가에 더 관심을 가집니다. 그래서 정착민들은 가진 것을 자랑하고, 가진 것으로 사람의 능력을 판단하고, 가진 것을 유지하려는 경향이 있는 반면, 유랑민들은 가진 것보다는 할 수 있는 것을 자랑하고, 활용할 수 있는 기술력으로 능력을 판단하고, 가진 것을 유지하기보다는 새로운 것에 도전하는 것을 좋아합니다. 그래서 유랑민은 늘 새로운 것을 찾아 길을 나섭니다.

정보화 사회 인류의 역사는 수렵사회, 농경사회, 산업사회 순으로 발전했고, 다음 단계가 정보화 사회에요. 정보화 사회에서는 지식, 정보의 생산과 유통이 중심이 되며, 정보의 가치도 점점 높아져요.

생각꾸러미 열어보기
- 요사이 새로 뜨는 직업으로는 무엇이 있나요?
- 새로운 직업과 사라지는 직업은 무엇이지요?
- 우리는 정착민인가요, 유랑민인가요?
- 정착민과 유랑민의 장단점은 무엇인가요?
- 이때 필요로 하는 새로운 가치는 무엇일까요?

가상과 실재

무엇이 진짜이고, 무엇이 가짜인가요?

현대사회는 무엇이 진짜이고 가짜인지 구별하기가 참 어렵습니다.

혹시 우리의 삶도 그런가요?

무엇이 진짜이고 무엇이 가짜인가요?

우리는 무엇으로 진짜와 가짜를 이야기할 수 있나요?

엄마한테 잔소리를 들었습니다. 두 시간만 하겠다는 컴퓨터 게임을 그만 세 시간이나 하고 말았습니다. 게임을 할 때는 나도 모르게 자꾸 시간을 넘기고 맙니다. 엄마는 한 번만 더 약속을 어기면 인터넷을 끊겠다고 합니다.

나는 걱정입니다. 컴퓨터 게임을 점점 더 많이 하고 싶으니까요. 컴퓨터는 추위도 더위도 상관없습니다. 그것뿐인가요. 얼마나 다양하고 재미있는 것들이 있는지 컴퓨터만 있으면 시간 가는 줄 모릅니다.

컴퓨터가 마냥 좋기만 한 게 아니라는 것을 나도 압니다. 하지만 컴퓨터를 끄려고 하면 모든 것들이 사라지는 것 같은 기분이 듭니다. 진짜세계가 아닌데도 말입니다.

엄마 몰래 밤늦게까지 컴퓨터를 한 날은 다음 날 학교에서 수업시간에 졸기도 해서 가끔 문제가 될 때도 있지요. 그럴 때는 실제로 내 생활에 문제를 일으키니 컴퓨터 속 세상이 진짜가 아닐까 하는 생각도 듭니다.

현대사회는 이처럼 무엇이 진짜이고, 무엇이 가짜인지 구별하기가 참 어렵습니다. 무엇이 진짜이고 무엇이 가짜인가요? 우리는 무엇으로 진짜와 가짜를 이야기할 수 있을까요?

오래전 그리스의 철학자 플라톤은 지금 우리가 사는 이 세상은 가짜이고 진짜는 다른 세계(이데아)에 있다고 했습니다.

왜 그런 말을 했을까요? 진짜 이데아라는 세계가 있는 것일까요? 이데아는 어디에 있을까요? 우리가 살고 있는 이 세상 말고 또 다른 세상이 있는 것인가요? 혹시 그 세계는 상상으로 만들어낸 세계가 아닐까요?

가상현실 가짜인데 실제처럼 느껴지는 세계를 말해요. 컴퓨터 프로그램을 인간의 시각, 청각 등의 감각을 통해 현실인 것처럼 체험하게 하는 기술이에요.

이데아 고대 그리스 철학자 플라톤은 우리가 사는 세계는 가짜이고, 진짜인 이데아를 모방한 것에 지나지 않는다고 봤어요. 근대에 와서 이데아는 인간의 주관적인 의식, 곧 관념을 나타내는 말로 사용되고 있어요.

생각꾸러미 열어보기
- 세계에 대해 다르게 말한 사람을 알고 있나요?
- 무엇을 진짜와 가짜라고 여기느냐에 따라 우리 삶은 어떻게 달라지나요?

기계화와 삶

기계는 우리에게 무슨 도움을 주나요?

기계는 우리 생활에 많은 변화를 가져왔습니다.

냉장고, 자동차 등은 생활을 훨씬 편하게 만들어줬지요.

반대로 기계 때문에 불편해진 것도 있습니다.

기계에 의존하다가 갑자기 고장이 나면 관련 작업이 마비될 것입니다.

왜 사람들은 자꾸 이런 기계를 만들어내는 것일까요?

우리가 아침에 일어나 잠자리에 들 때까지 하루의 삶을 자세히 떠올려보면 기계가 우리의 삶에 얼마나 깊숙이 들어와 있는지 알 수 있습니다. 아침에 울리는 시계알람소리부터 시작해서 불을 끄고 잠들 때까지 우리는 기계와 함께 생활합니다. 그만큼 우리 삶은 기계와 떼려야 뗄 수 없는 관계가 되었습니다.

집에서도 학교에서도 길을 갈 때도 우리는 기계와 마주합니다. 우리들이 손에서 놓지 못하는 휴대전화는 물론 TV, 냉장고, 세탁기, 오디오, 컴퓨터, 시계, 청소기, 밥솥 등 일일이 이야기할 수 없을 만큼 수많은 기계에 둘러싸여 살아갑니다. 이제 우리는 기계 없이는 살 수 없다 할 만큼 기계에 의존하고 있습니다.

기계는 잘 사용하면 도움이 되지만 꾸준히 관리해야 하고 비용도 지불해야 합니다. 편의를 위해 만든 은행의 자동화기기가 오히려 사람을 소외시키기도 합니다. 안전을 위해 설치한 CCTV가 오히려 우리를 불편하게 하듯이 말입니다. 우리는 푸코의 말대로 원형감옥에서 사는 것일지도 모릅니다.

미셸 푸코 1926~1984 프랑스의 철학가로 인간의 지식이 어떤 과정을 거쳐 형성되고 변화했는지를 탐구하고 연구했어요. 그중에서도 푸코가 가장 관심 있었던 것은 지식과 억압적인 권력의 관계였답니다.

원형감옥 가상의 감옥으로 판옵티콘이라고 해요. 원형감옥 가운데에 탑이 있고 그 탑 안에는 감시인이 있어요. 죄수들은 감시인을 못 보지만, 그들이 감시한다고 굳게 믿고 있어서 스스로 행동을 통제하게 돼요.

생각꾸러미 열어보기
- 미래에 사람들은 어떻게 변할까요?
- 예기치 못한 일로 생겨날 문제는 무엇일까요?
- 편안한 감옥과 불편한 자유 중에 무엇을 선택할까요?
- 살찐 돼지보다 배고픈 사람이기를 바라는 것은 왜일까요?
- 잘사는 일과 기계는 관계가 있을까요, 없을까요?

변화하는 세계

우리는 세계의 시민입니다

이전에는 지역이나 혈통에 따라 공동체를 이루기도 했습니다.

가까이 있는 것도 아니고 형제자매도 아닌데

같은 것을 가졌거나 좋아해서 만들어지는 종교나 문화 공동체도 있습니다.

현대 사회에서는 이런 공동체가 점점 더 많아지고 있지요.

우리도 식구들보다 친구들과, 집보다 학교나 다른 곳에서 지내는 시간이 더 많습니다.

왜 그럴까요?

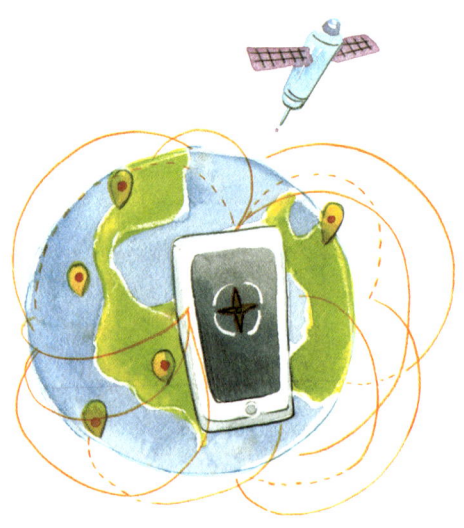

현대사회를 일컬어 문화사회라고 합니다. 문화를 중심으로 새로운 공동체들이 많이 생겨나기 때문이지요. 그렇게 된 이유는 여러 가지가 있지만, 그중 하나가 컴퓨터와 관계있습니다.

사람들은 컴퓨터의 발전과 함께 이전과는 다른 삶을 살아갑니다. 전에는 생각할 수 없었던 다양한 사람들과 만나면서 또 다른 공동체를 만들어가는 것이지요. 그런 공동체에는 어떤 것들이 있을까요? 이들 공동체가 중요하게 생각하는 것은 무엇일까요?

이들 공동체는 거리가 문제 되지 않고, 국적이나 피부색을 가리지 않습니다. 잘사느냐 못사느냐 하는 것도, 성별도, 나이도, 사는 곳도 문제 되지 않습니다. 대신 얼마나 이야기가 통하고, 관심거리가 같고, 생각을 나눌 수 있느냐에 따라 쉽게 만들어졌다가 또 쉽게 없어지기도 하지요. 그런 면에서 이러한 시대를 경계가 없는 사회라고 합니다.

경계가 없다는 말은 세계가 하나의 사회라는 말이 아닐까요? 그렇다면 우리는 대한민국의 시민이기도 하지만, 다른 면에서는 세계의 시민이라고도 할 수 있습니다. 이제 우리는 세계 사람들과 더불어 지낼 수 있어야합니다.

그들과 잘 지내기 위해서는 무엇을 해야 할까요? 영어를 잘해야 할까요? 아니면 오히려 한국적인 것이 세계적인 것일까요? 세계 속의 나, 내 안에 세계를 조화롭게 하는 일이란 어떤 일인가요?

공동체 사람과 사람의 관계를 통해 만들어지는 결합체로 작게는 가족, 친구에서부터 크게는 마을, 국가에 이르는 모든 단체를 가리켜요.

생각꾸러미 열어보기
- 미래사회는 어떻게 변할까요?
- 미래사회에서 중요한 것은 무엇일까요?
- 나는 미래 사회를 위해 무엇을 준비하고 있나요?

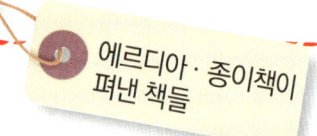

에르디아·종이책이 펴낸 책들

인문학의 시선으로 과학을 본다 세상을 바꾼 과학이야기

세상을 바꾼 발견과 발명, 과학자들에 관한 이야기. 기적의 섬유 나일론의 발명, 인간보다 먼저 우주를 비행한 개, 풀리지 않는 수수께끼 투탕카멘의 비밀 등 놀랍고 재미있는 이야기가 가득하다. 어렵고 복잡하게만 느껴지던 과학 이야기를 쉽고 명쾌하게 설명해 누구나 가볍게 읽을 수 있다. 인문학의 시각으로 새롭게 풀어낸 이야기가 재미와 감동을 함께 선사하며, 청소년의 창의력과 도전의식을 높이는 데도 도움이 된다.

권기균 지음 | 224쪽 | 152×223mm | 12,000원

한국 홍보전문가 서경덕의 세계를 향한 무한도전

〈뉴욕타임스〉에 독도 광고를 실어 화제가 됐던 한국 홍보 전문가 서경덕의 자전적 에세이. 대학 시절부터 대한민국 홍보에 빠져 세계를 누빈 한국 청년의 이야기가 담겨 있다. 엉뚱하고 무모한 도전들이 때로는 세상을 바꾸는 힘이다. 평범한 대학생에서 치열한 도전을 통해 스페셜리스트로 성장하는 과정을 생생하게 느낄 수 있다. 최근 세계적인 미술관과 박물관에 한국어 서비스를 이끌어 내는 등 우리 문화를 전파하는 메신저 역할을 하고 있는 그가 우리 가슴속에 잠들어 있던 열정을 일깨워 줄 것이다.

서경덕 지음 | 260쪽 | 152×223mm | 12,000원

우리말 실력에 날개를 달자! 친절한 맞춤법

맞춤법의 규칙을 체계적이면서도 알기 쉽게 설명한 풀이집. 기본 원칙을 소개한 후 풍성한 예문을 삽입해 다양한 응용이 가능하다. 눈에 쏙쏙 들어오는 편집으로 가독성과 이해도를 높였으며 맞춤법, 띄어쓰기, 외래어, 문장부호, 혼동하기 쉬운 말 등 단원마다 연습문제를 수록해 실력 테스트를 할 수 있게 했다. 이 책의 설명대로 차근차근 읽어 내려가다 보면 어느새 규칙이 정리되어 바른 글쓰기를 할 수 있을 것이다.

정희창 감수 | 184쪽 | 180×228mm | 8,500원

똑똑해지는 색깔 식품 33가지 컬러 푸드 이야기

우리가 자주 먹는 33가지 식품과 그 속에 담긴 색깔의 특성을 재미있게 풀어 낸 어린이 이야기책. 식품의 색깔에 대한 신기하고 흥미진진한 이야기가 아이들의 호기심을 끌어낼 뿐 아니라, 선생님 저자가 교과 과정을 꼼꼼히 분석해 공부에도 도움이 된다. 실물 사진과 톡톡 튀는 캐릭터가 흥미와 이해를 더하고, 색깔 파트마다 미로 찾기 등의 놀이가 있어 재미와 학습 효과를 함께 거둘 수 있다.

하늘매발톱 지음 | 144쪽 | 185×240mm | 9,500원

스토리텔링으로 만나는 우리문화유산 이야기

흥미진진한 창작 동화를 통해 우리 문화유산에 대해 알려주는 어린이 이야기책. 얼굴이 사라진 도령 이야기, 신발두둑 야광귀, 신들의 전쟁 등 자랑스러운 우리의 전통과 유산을 바탕으로 한 창작 이야기 10편이 담겨 있다. 상상력 넘치는 참신한 이야기와 우리 문화유산에 대한 상식을 스토리텔링으로 들려 줘, 읽는 재미뿐 아니라 문화유산의 소중함까지 자연스럽게 느낄 수 있다.

영미언어와문화연구소 지음 | 160쪽 | 185×240mm | 12,000원

지도로 보는 한국사 (근간) 이인옥 외 지음 | 200쪽 | 185×240mm | 11,000원

현직 초등학교 선생님과 디자이너 등이 모여 초등학교 교과 과정을 꼼꼼히 반영해 쓴 지도 역사책. 그림지도, 입체지도, 옛 지도 등 호기심을 불러일으키는 다양한 지도를 넣어 한국사를 생생하고 쉽게 이해할 수 있도록 했다. 역사책을 처음 읽는 아이들도 지도를 따라가다 보면 역사의 흐름을 한눈에 파악할 수 있다.

알나리깔나리, 우리말 맞아요? (근간) 공주영 지음 | 150쪽 | 185×240mm | 11,000원

사라져가는 아름다운 우리말을 아기자기한 스토리텔링 동화로 풀어냈다. 초등학교에 다니는 주인공과 7명의 멘토들이 실생활에서 우리말을 사용하는 모습들을 보여 주어 낯선 우리말을 친근하게 느낄 수 있도록 했다. 이야기로 읽은 우리말은 재미있는 퀴즈를 풀면서 한 번 더 배울 수 있다.

생각을 키우는 철학 이야기

내 마음에게 물어봐요

지은이 박남희
그린이 정원재

편집 김연주 조유진 양한주
디자인 권원영
마케팅 장기봉 황기철 신다빈
경영관리 박태은

출력·인쇄 HEP

초판 1쇄 2015년 3월 9일
초판 4쇄 2015년 10월 5일

펴낸이 이진희
펴낸곳 종이책

주소 서울시 강남구 언주로134길 11-5
전화번호 02-540-5192(경영관리부)
      02-540-5193, 02-544-5944(마케팅부)
      02-544-5922, 5933(편집부)
      02-544-5934(미술부)
FAX 02-540-5194
등록번호 제 2 3348
홈페이지 www.leescom.com
리스컴 블로그 blog.naver.com/leescomm
맛있는 책 카페 cafe.naver.com/leescom

이 책은 도서출판 종이책이 저작권자와의 계약에 따라 발행하였습니다. 저작권법에 의해 보호받는 저작물이므로 본사의 서면 허락 없이는 이 책의 내용을 어떠한 형태로도 이용할 수 없습니다.
종이책은 도서출판 리스컴의 인문·아동서 브랜드입니다.

ISBN 978-89-94149-23-3 73100
책값은 뒤표지에 있습니다.